中公文庫

老いへの不安

歳を取りそこねる人たち

春日武彦

中央公論新社

目次

老いへの不安

歳を取りそこねる人たち

序章　初老期と不安

人間にとって不老不死は普遍的な願いであると子供の頃から思ってきた。それは童話や伝承を通じて皇帝だとか王様が不老不死の妙薬を求めるといった物語を数多く刷り込まれてきたからかもしれないし、人間を冷凍して未来へ送り届けるとかタイムマシンで時間を自在に往復するといったストーリーが、結局は不老不死へのＳＦ的解答だと考えていたからなのかもしれない。

しかし現代社会において、「残された時間を充実して過ごす」といった意味で癌告知が当然とされ、無意味な延命処置への拒否が通用するようになったり、尊厳死が論議されたり、ホスピスが珍しいものではなくなってきている。死は避け得ないものとして、誰もがもっと現実的な振る舞い方をきちんと考えるようになってきている。早期発見とか、さまざまな新薬や治療法の選択、あるいは臓器移植等の形で最善は尽くすものの、昔話の皇帝や王様のように本気で不老不死を願う者はよほどの夢想家に違いない。
認知症にも寝たきりにもならず、五感も運動機能も保たれていたとしても、二百歳も三百歳も生きたいと願う人はどれだけいるのだろうか。この世界がそこまで魅力的か。生きることがそれほどに楽しいのか。未来社会をそれほどまでに楽天的に捉えられるのか。

不老不死のうち「不死」については、我々はそれなりに（あるいはニヒリズムを伴って）冷静になりつつあるように思えるのである。では「不老」についてはどうか。不死を諦め、限られた生を充実させたい、そのことによって自分を肯定したいといった発想の延長なのだろうか、老いの否定に対してはむしろエスカレートしつつあるような気がする。とはいうものの、六十歳なのに外見は二十歳であったらこれはもはやグロテスクである。さもなければ悪趣味な冗談である。おそらく我々が求めているのは五十歳に見える六十歳といった程度のものであり、だがそのことによって特別な利益が生ずるわけではない。

若く見える→若々しい→エネルギッシュで充実した人生、といった暗黙の了解があるのだろう。「若さという神話」への強迫的な執着が潜在しているのだろう。前向きで溌《はつ》剌《らつ》として、笑みを絶やさず常に「頑張る」。そのようにキラキラした「若さという神話」

を無意識のうちに強制されているのだろう。その図式には明らかに錯覚や飛躍が含まれるけれども、そのぶん平易かつ雄弁なのである。若さは自己肯定の手段となる。しかもそれはある程度金銭だけで解決できる場合すらある。

若さを装うことは、自己肯定につながる。自信をもたらし得る。初老期を迎えた者が若作りをしたがるのは、他人を欺く前にまず自分を欺きたいからなのである。

昨今、定年は六十〜六十五歳あたりであろうか。定年を無事に迎えたものの肩書きや特権は失われ、オレがこの職場を支えているんだ的な矜持も持てなくなる。気楽さや暇は手に入れられたとしても、現役としての緊張感や自分が必要とされているといった手応えは失われる。「忙しい」とぼやく（屈折した）楽しさもなくなってしまう。全体としては喪失感が大きいのではないだろうか。

大きな環境の変化と喪失感は、うつ病発症の契機として重視されている。ならば、定年を迎えて間もなくの人たちにうつ病が目立っても当然だろう。しかし精神科医であるわたしの実感としては、定年後間もなく出現するうつ病は案外少ない。むしろ定年の一歩か二歩手前、五十代半ばあたりのほうが目立つように思われるのである。

この事実は何を意味するのだろうか。

定年という「区切り」には、老人への第一歩といった意味合いが付与されているだろう。そのようには誰も明言はしていなくても、事実上そういった空気がある。そして定年そのものがもたらす精神的な衝撃よりは、近付きつつある定年への不安感や困惑のほうが、どうやら人を「うつ」へと追いやるようなのである。想像力による自滅と言い直しても良いだろう。

人間の心を安定させ安寧を保つ装置のひとつとして、惰性というものが挙げられる。我々は基本的にマンネリに則って生きている。退屈で変化に乏しく、うんざりする。だがこの十年一日のトーンこそが我々に安心感を与えてくる。とりあえずこのマンネリにしがみついている限りは、大きな間違いや不幸は（たぶん）生じない。自分の存在意義も生きている意味も現実の確実性も、みんな惰性の中に埋め込まれている。過去を振り返ってノスタルジックだとか懐かしいと感じられる事柄の大部分は、リアルタイムにおいて惰性やマンネリに彩られていた事物なのである。

日々の惰性がストップしたとき、そこに出現するのは異形《いぎょう》の現実である。精神的にショックを受けたとき、生活の根幹を揺るがせる事態に直面したとき、世界は親しみやすさを失う。当たり前の世の中が、よそよそしく違和感に満ちたものとして迫ってくる。我々は孤独感と不安とに襲われる。それこそ実存的な風景とでも称すべきか。おそらく死とはこのような感覚の究極としてあるのではないかと予感したくなるような風景に向き合うことになるだろう。

我々は日々の惰性を憎みつつも、それによって安心感を得ている。そしてときに訪れるささやかな絶望や悲しみを介して、惰性が、マンネリが失われる恐ろしさを薄々理解している。

となれば、定年とは惰性の喪失、マンネリの終わりということになるだろう。もちろんあらたな惰性が始まることにはなろうが、その前に、よるべなさや心細さを痛感し、生きる意味といった類の根源的問題が脳裏をかすめることになるのではないか。そのような事態を先取りして想像し、自分で自分を追い詰め、自壊するかのように五十代半ばにして「うつ」に陥っていくケースはかなり多い気がするのである。しかも実際に定年に直面してみれば、予想外の雑用や成り行きでどうにか乗り切ってしまったりすることのほうが案外普通なのではないだろうか。

老いそのものよりも、想像力や予兆によって我々は老いに脅かされる。それはホラー映画の構造と相似している。

お洒落《しゃれ》というよりは「若作り」に励む中年男性が増えたような印象がわたしにはあるが、それはたんに異性にモテたいとか一目置かれたいとかの皮相的な理由ではなく、老いという未知なるものへ対する護符にも似た魔術的効能が求められているのだろう。

老いることのネガティブな側面は、健康や金銭面で弱者になりかねないことと、世間から置き去りにされかねない不安、死への接近といったことであろうか。必要不可欠な人物という立場から退場することへの寂しさ、敬して遠ざけられがちなことへのもどかしさ、切実な無力感といったこともあるかもしれない。核家族化によって、老人なりの役割分担を与えられなくなってきていることも問題だろう。そうなると老人は青年や中年の劣化バージョンということになりかねない。

男性、ことにサラリーマンは定年と老いとの同義化と、それを先取りした不安が問題となっているのであった。若作りというどこか滑稽な振る舞いにも、シリアスな意味が込められているのだった。では女性の場合はどうか。男性に比べて、アンチ・エイジングや多少の若作りはむしろ当然のこととされている（ような気がする）。若作りを揶揄《やゆ》される女性がいたとしたら、それはよほど極端な場合ではないのか。

男女の比較といった話は雑駁《ざっぱく》となりがちだし、知ったかぶりをする気もないので、とりあえず思いついたことを記しておきたい。

わたしは精神科医となる前に産婦人科医を六年ほど経験している。筋腫や癌で子宮を摘出するケースは珍しくなかった。大学病院にいたので、なおさらそうしたケースが集まっていたのかもしれない。若輩者で男のわたしとしては、子宮なんて子供を作るためのパーツに過ぎないのだから、病変があれば摘出してもそれだけのことだと単純に思っていた。だが今後妊娠する希望も予定もなくても、子宮を失うことは予想以上に精神的なダメージのようなのであった。いや、女性性の否定といった気分が、象徴的というよりももっと生理的に痛感されるようであった。摘出手術を受けた人たちが「子宮を偲ぶ会」という趣旨のグループを作っていて、そういった会を作りたくなる心性が理性では分かっても、本当の心情までは正直なところ理解しきれなかった。

　子宮を失うことも、さきほど述べたように惰性の喪失ということになるのかもしれない。それは老いることとは違うけれども、人生における不連続さの境界線となるのだろう。女性の場合は、さしあたって主婦という立場に焦点を当てれば、定年といった具体的な形での「老い」は訪れまい。が、閉経とか肌の衰えとか、もっと別な回路で老いに直面することになるのだろう、たぶん。なお女性のうつ病発症は、男性よりももう少し若い時期にシフトしている印象がわたしにはあるが、これも生理的変化がより密接に関わっているからと見ることも可能である。

ここでいきなり話は飛ぶ。『緋文字』で有名なアメリカの小説家ナサニエル・ホーソーン（一八〇四〜一八六四）の短篇に、「ウェイクフィールド」（一八三五）という作品がある。物語はすこぶる単純で、舞台は十九世紀のロンドンである。ウェイクフィールド夫妻は中年の二人暮らしであったが、ある日、夫は数日の小旅行に出掛けると言い残して家を出る。そして失踪してしまう。

だが彼は、実は自宅の隣の通りに間借りして、誰とも交わらずにひっそりと暮らしていた。消息不明となった筈の彼は、自宅と目と鼻の先に潜伏していたのである。気配を消し、何の連絡も寄越さぬまま。そうして二十年が過ぎ、ある日彼はまったく何事もなかったかのように突然自宅に戻り、そのままかつてと同じ夫婦の暮らしを続け、しかし失踪については何も語らぬまま天寿をまっとうしたというのである。姿を消した理由や、どんな思いで生きていたのか、夫人はなぜ黙って夫を受け入れたのか、そうしたことは何も書かれていない。ただ異様な出来事が述べられるだけなのである。

不気味であると同時に、妙なリアリティーがあって読者を困惑させる。おそらく不気味さの主因は、夫の不可解な行動に明確な理由が欠落しているらしいことからもたらされている。しかし先日、わたしは別な要因にも気が付いた。中年男として家を出て行った夫は、帰宅したときにはもう老人になっていた筈なのである。中年から老人への変貌のプロセスがまったく空白のまま、彼は二十年前の生活にすっぽりと身体を滑り込ませるのである。これは人間のありようとして不自然過ぎる。彼は歳を取ったのか、それとも取っていないのか。どちらでもなさそうなところが、わたしの気持ちを不安定にさせる。

考えてみればわたし自身もまた、二十年の空白を平然と無視して生きてきたかのような空虚感と不自然さを抱えている気がしてならないのである（もしかするとそれは、現在まさに老いを迎えようとしているかなり多くの人たちにも当てはまるのではないか？）。そこが恐ろしい。

信じ難いことに、自分は初老期に位置しているわけである。五十代も終わりに近付いている。老人となるのを目前に控えている——だがそれにしては貫禄もないし、深みもない。落ち着きもなければ他人に年輪を感じさせることもできない。言葉にも態度にも説得力を欠き、欲望は未だに生々しく、枯淡の境地には程遠い。

生物学的には確実に老いていく。だがだからといって自動的に老人となるような気がしないのである。自分が了解してきた老人は、リーヴァイス５０５（黒）とＴシャツが普段着ではないしロックンロールを聴いたりはしない。漫画も読まないしホラー映画も観ない。そんなことは表層的なことかもしれないが、いずれも若者文化に属するものである。にもかかわらずそれらと共にわたしは生活を送っている。それらが自分にとって「普通」であり、決別する必然性も感じていない。すなわち、いつまでたっても「大人げない」状態なのであり、心性もまたフレッシュというよりは未熟でしかない。つまり若者のまま老朽化した姿がわたしというわけで、これでは老いイコール劣化としかならない。見苦しいだけではないか。

どうやって「きちんと」歳を取ったらいいのか分からないのである。しかも自分の周囲を見回し、世代の近い人間を眺めてみても、彼らも上手く老人になれそうに思えない。厚い一枚板で作られた木製の机ならば、古びればなお艶が増していくだろう。しかしプラスチックの食器は、変色し脆《もろ》くなっていくだけである。木材はプラスチックの手本にはならないのである。

団塊の世代、そしてその直後がわたしの世代となる。おそらく団塊の世代以降は誰もが「歳を取りそこねる」ことになるだろう。どうやって老人になっていけば良いのか。少なくとも、成り行きにまかせていれば「まことしやかな老人」になりおおせられる世の中ではなくなってきている。未知なる世界へ突入しようとしている。

おかしな言い方に聞こえるかもしれないが、今現在において、洒落っ気がないわけではないけれど金は乏しいしセンスに自信もない人がいたとして、それでもユニクロあたりに行けばとりあえず服は揃えられる。緊張したり気恥ずかしい思いをしなくとも、ちゃんと格好はつくのである。もしも世の中に高級ブランドの店と、センスを疑うようなうらぶれた洋品店の二種類しかなかったら、ちょっと困ってしまう人は多いのではないか。

老いに関する昨今の言説は、どうも気取ったブティックか流行に取り残されたシャッター街の野暮臭い洋品店かのいずれかに分極している印象が否めない。老いに関して、ユニクロ的な気安さというか安心感を提供するイメージが求められているのではないかと思う次第である。

では本書においてわたしは何を書こうとしているのだろうか。人生指南的なことなど書ける筈もない。地に足のつかぬ理想論や、「溌剌老人を目指そう」的なことを述べる気もない。その反対に脱力の勧めを説くのも、小賢《こざか》しげで嫌である。面白いこと、楽しいことなら興味はそそられるけれど、老いてまで面倒なことや努力や空《から》元気に精を出したくはない。

あえてわたしは本書で、自虐的な、マゾヒスティックな、げんなりするようなことに目を向けてみたい。そして少しばかりの喜びにも。大人が若者をつい十把一絡げに論じてしまうように、老人もまたステレオタイプにしか把握されない傾向にある。もっと繊細な、もしかすると文学の形でしか掬い取れないような局面、老人ならではの異形さや闇、あるいは意外な喜び、そうしたものへも触れなければ隔靴掻痒《かっかそうよう》の老人論しか語られないことになるだろう。だから本書を読み終えて嫌な気分になったり、こんなことをわざわざ書きやがってと眉を顰《ひそ》める人もいるかもしれない。それは重々承知である。

しかし、人生なんて呻《うめ》き声をあげたくなるようなことの連続ではないか。ましてや老いたら、それはそれで独自の当惑や「釦《ボタン》の掛け違い」、恥や失望や悔しさが待ち受けているに決まっている。ならばそのようなものを、まずは他人事として味わってみるのも一興ではないか。それが人生の参考になるとか他山の石になるといったことではなくて、ああ、こういったことってあるかもしれないなあと思ってもらえれば十分である。あるいは意地悪な楽しみであっても構わない。

気負った言い方をするならば、種々様々な悲しみや煩悶や屈託を見知ってこそ我々は豊かになれる。その上で、若作りをする初老期を笑うのも結構だし、共感を寄せるのも結構ということになる。

こうして活字を追っている間にも、刻一刻と我々は老いていく。そして歳を取りそこねる人もいれば、スマートに歳を取っていく人もいる。老いの見本帳（ダークサイド版）として本書を読んでいただければ幸いである。

＊

本書の構成を述べておく。

第1章では、老いに伴う孤独感を題材にしている。第2章はいささか微妙な内容である。老齢化することで、その人物の精神的な弱点や嫌な部分が顕在化してくることがある。さもなければ、期せずして老人とはこういうものだと思い込んでいる周囲の人間を複雑な気分に陥れることが。そういったデリケートな事態を巡っての内容となる。第3章は、老いに対する自覚の問題である。「老い」が愛嬌となって大概のことが許容されることもあれば、裏目に出ることだってある。老いに対するスタンスの難しさについて考えてみた。第4章では、老人という存在を孤島になぞらえて観察してみた。そういった意味では第1章と重なるところもあるが、より距離を置いての観察ということになる。第5章では、老いに伴う世界の変容や不可思議さについて触れてみた。第6章は、死や衰えを前提としたまさに鬱屈感について記してある。第7章はいくぶん前向きに、老いというものを「役割」とか「演ずる」といった観点で捉えてみる。そして最後の第8章では、あらためて歳を取ることの難しさについて微苦笑交じりに述べてある。

さきほども述べたように、本書では数多くの小説を引用し、その記述にわたしの言いたいことを託している。そのような方法論でなければ語りきれないことこそが、わたしにとっての関心事だからである。

援用される作家は、あまり知られていない人もいる。有名な作家の作品でも読まれることの少ないものを多く取り上げた。それは奇を衒《てら》ったわけではない。ひとつには、あまりに有名な作品だとむしろ先入観や意味づけが予めなされてしまっていて、そちらへ話が引きずられてしまいかねないからである。そしてもうひとつは、文学の世界の豊饒さや多様性をあらためて示したかったからである。自分が漠然と考えていたことを作家がひとつのシーンとして提示してくれ、それを書物の山の中から発見するという「奇跡」は小説を読む喜びのひとつである。その一端を読者と共有したいといったわたしの気持ちもあったのである。

「老いへの不安」などと素っ気ないタイトルではあるけれど、それなりの切実な思いで書き上げたつもりではある。

第1章　孤独な人

【妄想喫茶店】

今になって振り返ると苦笑するしかない話なのであるが、学生時代にはわたしも人生についてそれなりに悩んだり煩悶していた。日常生活と芸術とにいかに折り合いをつけるべきか、なんて浮世離れしたことを本気で考えたりもしていたのである。誠実に、粛々と市民として生きていけばもう十分な筈で、そういった意味では迷うほうが変だったのだけれど、実際のところは現実と真正面から向き合うことを恐れていただけなのだと思う。

なぜか若死にするといったイメージが学生時代の自分にはなく（気負った若者の多くは、自分が長生きするとは考えないような気がするが）、平穏な老年を迎えた自身を想像してみることが屈折した楽しみだった時期がある。老いたわたしは、白衣を着た老医師ではない。それではつまらないし、医学生である現在の延長に過ぎないから息苦しいばかりである。もっと別な人生でなければ夢想する価値がない。

（妄想上の）老人であるわたしは、いつも喫茶店のマスターなのであった。

小さくて薄暗い空間で、流れている音楽はモダン・ジャズだけれどいわゆるジャズ喫茶的な偏執性はない。出入り口の斜め向かいには医療器具を置くのに使われていた白くて古いガラス張りの戸棚があって、ここには立体写真のカメラのコレクションが並べてある。壁に掛かっている額は、戦前のアメリカ雑誌に載っていた一齣《ひとこま》漫画の原画とか、昔の咳止め薬の瓶のラベル、模型飛行機の設計図の切れ端などで、映画『大アマゾンの半魚人』のスチール写真もある。飴色の柱には、ボリス・ヴィアンのポートレートが画鋲で留められている。つまり学生時代の自分の部屋と大差はないわけで、だが六十歳をとうに過ぎたわたしはここでコーヒーを淹れたりトーストを焼いたり、カウンター越しに美術学校の学生の人生相談に応じたりしている。

自分は内面的には大きく変化しないまま、ごく自然に老人となり、趣味さえ合えば老若男女など関係なく会話を交わし、世知辛い実社会とは直面せずに贋老人としてひっそりと生きていくだろうと思っていたのである。生活感などまるでなく、心身の衰えや病気や経済的な心配とも無縁な老年期を過ごすことを考えていたのであった。

その喫茶店の名前をどうするか。〈日々の泡〉とか〈花粉日記〉とか〈夜のみだらな鳥〉とか、そんな自意識過剰めいた言葉をリストアップするのが楽しみだったことがある。それ以外に気持ちを慰めることができなかった。不幸であったのか幸福であったのか。

近頃はスターバックスやドトールといったチェーン店のセルフサービス形式のコーヒーショップばかりになって、いわゆるマスターが細々と経営するタイプの喫茶店は珍しくなってしまった。古本を並べたりときおり朗読会を催すようなブック・カフェも出現してきたが、いささか小奇麗に過ぎる。わたしが老後の楽しみとして夢想していた妄想喫茶店はいよいよ実現が困難になっている。

それにしても六十歳が次第に近付きつつあるわたしには、その実感が希薄である。体力が落ちてきたとか、説教がましくなったとか、執着心が薄れてきたことは自覚している。だが老人になっていくその手応えが分からない。衰弱とか劣化といったものは確実に忍び寄りつつあるが、円熟とか悟りといった文脈での「老いること」がリアルには理解できない。学生時代に夢想した喫茶店のマスターと、現実の自分とが曖昧に重なりつつあると思うだけである（にもかかわらず、決してぴったりとは重ならないところが悲しい）。

テレビを見ていたら、団塊の世代とおぼしき女性が出てきた。独り暮らしで、仕事を持って健康に暮らしている。そんな彼女が大枚をはたいてある買い物をしたという。平均寿命を考えればまだ二十年以上は生きるだろうに、彼女はいずれ自分が入るための棺《ひつぎ》を購入したのだった。そんなことをする人は滅多にいないから取材を受けていたのである。

漆塗りで、螺鈿《らでん》細工を施した工芸品のような棺が職人の手によって作られているらしい。たまたまそれを目にした彼女は、「ひと目惚れ」をした。躊躇することなく注文した。寝室に置き、今のところは着物を収納する簞笥《たんす》として使っているという。訪ねてきた友人たちに、彼女がその棺を自慢げに見せている場面がスクリーンに映し出された。友人たちは彼女のブラックというかグロテスクめいた趣味にいくぶん戸惑いつつも、素敵ねえなどと弱々しげに呟いてみせている。

おそらく彼女なりに老いや死への不安があり、それに対するある種の居直りが「工芸品のような棺の購入」といった行為に結びついたのだろう。その気持ち、分からないでもないが、ときには「わたし、何てものを買ってしまったのだろう……」と自己嫌悪に駆られることはないのだろうか。

彼女が自慢する漆塗りの棺と、当方の妄想喫茶店とは、もしかすると精神性において大差のない存在かもしれない。そんなことに先日ふと気付き、わたしはげんなりしてしまったのであった。

【隕石と老人】

いったい自分はどんな老人を目指せばいいのだろう。あんまり先鋭的な老人とか、妙に若作りの老人は痛々しい感じが伴いそうで避けたい。西洋大衆文化を日本に紹介して晩年は「若者の教祖」とも呼ばれた評論家の植草甚一みたいになれたらいいと思っていた時期もあるが、今になってみるとやはりあの人は突飛過ぎた気がしてしまう。無闇に真似をすると、滑稽な老人になりかねない。

かつてある服飾デザイナーが、フランスの農夫が着ているような服を作りたいと発言していた。考えようによっては、いい気なもんだというか世の中をナメているような言い草に聞こえるけれど、いわば地に足の着いた形での粋を目指すと、そんな発言も実は真摯《しんし》なものかもしれないと思えたのであった。

それと同じように、わたしが「いいな」と思う老人の姿があって、その人物は小説の中に登場するのであった。

塩野米松の「天から石が」（作品集『天から石が』集英社、一九九八に収録）という中篇小説である。

作者の塩野米松は秋田県出身、最近では日本中をフィールドワークして職人や漁師、樵《きこり》といった人たちから技術や伝統文化を聞き書きして記録に残す仕事をメインにしている。昭和二十二年生まれ（まさに団塊の世代である）で東京理科大卒。アウトドア派の印象があるが、芥川賞候補には四回も挙がっているし、絵本も書いている。小惑星11987には、国際天文連合よりこれまでの作家活動を讃える意味でYONEMATSUという名が冠せられている（ちなみに、小惑星に名前が与えられている日本の文筆家には、大江健三郎、小松左京、江戸川乱歩、石川啄木、宮沢賢治、種田山頭火、正岡子規、高浜虚子、金子みすゞ、中原中也など結構沢山いる）。そんな次第で、常識的な作家像からははみ出しているし、もっと評価されて然るべき人物だと思われる。

さて小説の主人公は洋介という長髪の若者で、自分探しとでも言えばいいのだろうか、バイクで日本全国をあてもなくツーリングしている。そんな彼が、秋田の山奥の廃村を訪れる。そのあたりに隕石が落下したというニュースに触発され、もし現物が見つかったら面白いし儲けにもなるといった軽い動機でやって来たのである。

もちろん隕石なんか簡単に見つかる筈もない。その代わり、廃村で石の地蔵に出会う。誰もいない見捨てられた村に、ぽつんと地蔵が置き去りにされている。洋介の心に魔が差した。人のいないところに地蔵があっても意味がないだろう。しかも土台がぐらついているではないか。彼は地蔵を盗み出して売り払ってやろうと思い付いた。それは貪欲さよりも悪戯《いたずら》心に近いものであった。

道端の地蔵は、すぐにでも根っこの部分を掘り出せそうに見えた。洋介は棒きれで土台を掘っていくが、予想外に根が深い。悪戦苦闘していると、いきなり背後から（方言で）声を掛けられた。「手伝おうが」と。疚《やま》しさを感じていたうえに誰もいないと思い込んでいたので、洋介は胆を潰す。おそるおそる振り返ると、地元の人間らしき老人が立っていた。

そこには大きな籠を背負い、ゴムの長靴を履いた老人が、長い棒切れを杖代わりにして立っていた。老人は白線の入ったくたびれたジャージーのズボンに、肘《ひじ》までまくりあげた緑の濃淡でチェックを描いた長袖のシャツを着て、腰のベルトには鉈《なた》を下げていた。帽子の陰になった老人の顔は頬骨が突き出し、口元の肉が落ち込んでいたが、しっかりとした表情をしていた。

老人は洋介を非難したり咎《とが》めていなかった。それどころか、どうやったら地蔵の根っこの部分を上手く掘り出せるかを教えてくれるのである。洋介が言い訳をすると、「わかったから、早くやれって」と超然としている。「いいんだ。連れて行ってければいい。ここさはもう誰も居ねんだ。地蔵さんも寂しべった。あんだのどこだば人も大勢いるべさ」

いつしか洋介と老人とは一緒に腰を下ろして休んでいた。洋介は沢から水を汲み、携帯用のガスコンロとコッフェルで湯を沸かし、紅茶を淹れる。カップを老人に渡す。

老人はふうふう吹きながらカップを口に運んだ。

「うめえな」

紅茶をすする時、老人の頬がへこみ、鼻の下の白い鬚《ひげ》がはえた皮膚がすぼまった。艶はあるが、紙のように薄い、日に焼けた頬だった。掘り起こされたお地蔵さんが松の幹に寄りかかるようにしてこっちを向いて立っていた。老人は紅茶を飲み干すと、カップを手拭いで拭いて返してよこした。

「ごっつぉさんでした」

老人は七十八歳。山の中腹に、トタン屋根で石垣の上に建つわずか二間だけの小屋に独りで住んでいる。仏壇と簞笥、ちゃぶ台と古い型のテレビがある。縁側があり小さな庭があり、庭を囲む茂みには山桜や辛夷《こぶし》、アブラチャンやコシアブラなどが生えている。木々を透かして遠くの山々や田んぼが見える。裏庭にはつましい菜園と、ダーリアや菊を植えた小さな花畑。仕事は炭焼きである。

老人の住んでいた村は徐々に寂れてしまい、娘も遠くに嫁いでしまった。やがて村人たちは町へ移住することにしたが、彼と妻は山の中へ残った。「……おらと嬶《かかあ》みたいに見捨てられてしまえば簡単よ、あとは誰にも置いて行かれる心配しねったていい。初めは置いて行った連中も気にしたべども、それも初めだけよ。おめの行ったあの村は鎮守さまや庚申様から山の神までみんな移したんだ。新しく移ったどこさ」

意固地というわけでもなかったが、夫婦で山に残り、しかし四年前に妻は癌で亡くなり、今は老人は独り暮らしなのである。「地蔵さんだけ残されたんだ。人もそうだけど、地蔵さんだって行くにいいチャンスがあれば行った方がいいのさ。あんたな所へ居ても救う人いねんだから。せいぜい狸とか狐とかの願い聞くだけだもの。狐の子っこが手合わせて拝むか？　なんぼ狐が賢くても拝まねべさ。んだから、あんだが連れて行くって言ったら連れて行ってもらった方がいいんだ。地蔵さん喜んでだったべ、あんだが掘ってらったときよ。ずっと見捨てられてらったんだから」

こういった実直で飾らぬ言い方に、わたしは心を動かされがちなのである。地道にきちんと生活を送ってきた人の台詞《せりふ》に思えて、もうそれだけで自分にはいくら歳を重ねても辿り着けない境地と感じてしまう。

さて洋介は、老人に誘われて小屋を訪れる。地蔵さんも一緒である。冷や酒をご馳走になり、質素な食事も振る舞ってもらう。食べながら、洋介は隕石についての知識をあれこれと披露した。

【旅に出る】

夜になった。洋介は小屋に泊めてもらうことになった。彼が一眠りして起きると、老人は意外なことを提案してきた。

「それで、相談なんだども、あんだのバイクさ私どこ乗せて旅に行くってのは何ただべ。ああこれ冗談でねんだ。四、五日、行く先は出雲だ」

洋介は自分を指さして聞いた。

「俺と、ですか?」

「んだ。隕石見つけに行こう」

「隕石？」

老人は古びたガリ版刷の小冊子を開けて、洋介に渡した。

「この神様、隕石かもしんねえんだ。見つけてあんたに名誉と大儲けさせてやるべ、私には旅だ」

事情は以下のようなことであった。老人の女房は出雲の生まれで、故郷の村の氏神さまは白滝神社に祀《まつ》られていた。彼女はその氏神を信頼していたようで、子育てで母乳の出が悪いときも腹痛のときも「滝の霊水」を飲めば治ると信じていた。老人のほうは迷信だと一蹴していたのだが。

やがて女房は肺癌になり、入院治療を行ったが末期状態となってしまった。彼女は家で死ぬことを希望し、この小屋に戻ってきた。女房は癌性疼痛《とうつう》で苦しみ抜いた。「退院すれば点滴に入っていた鎮痛剤はもう使えなかった。医師の出してくれた痛み止めも効果が薄くなっていた。老人はその薬をこの白滝神社の水と一緒に与えたのだ。入院する前に奥さんがふるさとの親戚に頼んでペットボトルで送ってもらった水であった。奥さんは動けぬ床の中で自分のふるさとのある西の方を拝み、残り少なくなったその水をなめるようにすることで痛みが薄れるとつぶやいたという」

滝の霊水を送ってもらうときに女房は、神様に上げてくれと賽銭を親戚に託していた。親戚は滝の水を汲み、賽銭を上げ、ついでに神社の写真も撮って送ってくれた。故郷は既に廃村となり、神社も見捨てられ、祠《ほこら》は岩の間で傾きかけていたという。

その白滝神社の縁起について記したガリ版刷の小冊子によれば、御神体はどうも隕石であるらしい。「古老の傳に元慶元年九月八日　天地振動し奇石二個天降りたり、神石ならんとて祠を奉りしに始まる」と記されているからで、要するに老人は、洋介の隕石ハンティングに託《かこつ》けて、女房が心を寄せていた神社に参拝したいわけなのであった。洋介はそういった事情を察し、好奇心も手伝い、翌朝老人をバイクのうしろに乗せて出雲を目指す小旅行に出た。小屋の留守番は、あの地蔵さんである。「老人は白い工事用の真田組と書かれたヘルメットを被って、紺色のジャンパー、孫からもらったスキーズボンにゴム長靴。背中には大きなリュックサックを背負っていた」

旅の途中の野宿では、さすがに独りで炭焼きの生活を送っているだけあって、老人は手慣れた様子で食事を作った。彼なりに生きる知恵をしっかりと持ち合わせている。

出雲に来てから散々道に迷い、警察官や農協職員に場所を尋ねたりしながら、遂に彼らは白滝を見つける。切り立った一枚岩の崖から、幾筋にも分かれて冷たい水が落下している。脇には、写真にもあった祠が建っている。老人はリュックサックから、葬式に使った女房の写真を取り出す。娘が孫を連れて遊びに来たときの集合写真から女房の顔だけを取り出して作った写真で、笑顔を浮かべている。

老人は飛沫《しぶき》で濡れた岩の上に写真を置くとしゃがみこんで手のひらに水をすくった。洋介には滝の音で老人の声は聞こえなかった。

「来たで。ここだべ、ほれ好きなだけ飲め。いっぺあるぞ。冷ゃっこいな」

老人は何度も両手で水をすくって写真に飲ませる仕草を続けた。

いっぽう祠は荒廃していた。しかも廃村化と共に、この神社は別な神社に合祀されてしまっている。もし御神体の隕石が残っていたとしたら、それはあの地蔵のように置き去りにされてしまった存在なのである。

洋介は、お辞儀をしてから祠に入り、厨子《ずし》の扉を開ける。かがみ込み、小さく真っ暗な内部を手探りしてみる。すると——あった！　「固い、小さなものが手に触れた。でこぼこのかなり持ち重りのするものであった。それは二個並んであった。洋介の胸が高鳴った。ほんとうにあったのだ。伝説は本当だったのだ」

しかし取り出してみると、それは鋳物でできた真っ黒な大黒様と恵比寿様だった。何の価値もない大量生産品である。「両側に鋳物の型の跡が残っており、あんこの入った人形焼きの大黒様や恵比寿様に似ていた」

もしも当初は隕石が二個、実際に祀ってあったとしてもそんな汚らしい石なんかより良かろうと、誰かがこのキッチュな鋳物の神様と交換に隕石は捨ててしまったのだろう。あまりにも意外な結末に洋介も老人も噴き出してしまう。ひとしきり笑ってから、彼らは祠を掃除し、鋳物の神様を厨子の中へ戻した。ついでに白滝神社の由緒書きも納め、あらためて柏手を打つ。

洋介と老人とは、この見捨てられた神社の氏子となったつもりになり、隕石こそ見つからなかったが満足した気分で帰途についた。

【何の変哲もないじいさん】

以上が、塩野米松の小説である。ウェルメイドといった呼び方が相応《ふさわ》しそうな佳作であった。

ここに登場した老人（佐賀宗一郎という名前である）は、まあ何の変哲もないじいさんである。田舎に行けばいくらでもいるようなタイプなのかもしれないし、いや昨今の日本においては実は滅多に出会わないタイプなのかもしれない。いずれにせよ、ときには頑固になっても基本的には欲がなく、愛想は乏しくても悪意はなく、先入観に囚われず、裏表もなく、寛容さがあり、何よりも自分の始末はすべて自分でつけられる。他人に頼らずに生きていける。つまらぬ自己主張なんかしないうえに、誠実さにおいて一貫性がある。

おそらくこういった人こそが、本当の意味で強い人なのだろう。だがわたしのように他人を憎みつつも他人に依存しなければ生きていけないような人間には、今さら目指しようがない。ただ憧れるしかない。

この老人にはどこか愛嬌があって、そこが魅力を高めていた気がする。そんなことを思っていたら、記憶の中からSさんのことが浮かび出てきた。

Sさんはもと大工で、今では在宅の認知症老人なのであった。ただし、まだ医療にはつながっていなかったし、わたしが知り合った当時は介護保険もなかった。そのSさんのところへ往診に行ったことがあった。真冬の曇った日だったと憶えている。

訪ねてみると、同居している妻は近所に用があったのか不在であった。玄関から中に声を掛けると、Sさんが「お〜、上がってこいや」と応える。当人の他には誰もいない。

靴を脱いでいそいそと居間へ行くと、朝の十時過ぎなのだが電気炬燵に入って玉子かけご飯(要するに、ご飯に生玉子と醤油をかけて混ぜただけのものである)を食べている。オカズはない。テレビにはワイドショーが映っている。ガラス障子が開けっ放しでものすごく寒い。が、炬燵はいかにも心地良さそうである。そして玉子かけご飯を、彼は実に美味そうに食べている。

その瞬間、わたしはつくづくSさんのことを「いいなあ」と羨《うらや》んだのだった。羨みつつ、とにかく寒いので図々しくわたしも炬燵に入り、診察を兼ねて会話を始めた。

Sさんは確かに認知症なのだけれど、機嫌は良いし、喋る内容も一見するとしっかりしている。ただし彼は、記憶の欠落や混乱を、出鱈目《でたらめ》な話を適当に作ってクリアするタイプであった。いわゆる「作話《さくわ》」を行う傾向が著しい。

どのような話の流れの加減か、Sさんは「オレは喧嘩が強かった」と自慢を始めた。荒くれ者を半殺しにしてやっただとか、自慢話めいたものがどんどん荒唐無稽になっていく。やがて自分はヤクザであったと言い出した。

「ヤクザってさ、入れ墨をしてるんじゃなかったっけ」とわたし。

「あー、オレだってちゃんと入れ墨をしてるよ」とSさん。

「どれどれ見せてよ。いや、拝ませていただくと言うべきかな」

「ほらよ」

「えー、どこにも入れ墨なんてないじゃん」

「オレのはね、普段は見えない特殊なやつなの。白粉彫《おしろいぼ》りってやつだな」

「白粉彫りってさあ、女のひとがするんじゃなかったっけ。セックスで興奮したときに肌に浮き出てくるとか、そういったエロいんじゃなかったかなあ」

「いいの、いいの。オレのは男らしい白粉彫りなんだから」

いい加減なことばかり言うなあと苦笑いをするしかない。ああ、自分もボケたら作話をする老人になりそうだなどと考えた。法螺《ほら》ばかり吹きながらテレビのワイドショーと炬燵と玉子かけご飯とで暮らし、もはや仕事には行かなくていい。ちょっと素敵かもと思ったものの、実はこんなに上機嫌のSさんが、夜になるとしばしば仁王のような顔つきになり、不安と苛立ちで暴れ回ることをわたしは知っていたのである。だからトータルするとSさんは当方の憧れにはなり得ない。

だがのんびりと独りで玉子かけご飯を食べているあの飄々《ひょうひょう》とした姿は、七十年以上を生きてやっと手に入れられるものなのかもしれないと思ったりもするのである。

【御徒町にて】

十五年くらい前に、台東区の下谷《したや》へ通勤していたことがある。山手線を利用していたので、最寄り駅は上野駅ということになる。が、散歩を兼ねて、毎朝わたしはひとつ手前の御徒町《おかちまち》で下車していた。ここから真っ直ぐアメ横を抜けて歩いて行くと、白昼の賑やかというか猥雑な様子とは違う虚脱したような光景が広がってくる。それを眺めるのが楽しかったのである。年末が迫ってくると、早朝からアメ横は活気付いてくるので、そんな様子も面白かった。

御徒町駅のホームから階段を降りて、上野寄りの改札を出ると、すぐにガード下となる。構外の、改札とは目と鼻の先にキオスクがあって、新聞や週刊誌やガムやハンカチやマスクや缶コーヒーや煙草などを売っている。ところがこのキオスクとほぼ向き合うようにして、妙に半端な場所に折り畳みのテーブルを広げて、やはり売店がある。ただしこちらは新聞と週刊誌しか置いていない。

この折り畳みテーブルを広げただけの簡易売店のほうは、やはり折り畳み式の椅子に腰掛けた老人が店番をしている。愛想はよろしくない。

満艦飾《まんかんしょく》のキオスクと、椅子とテーブルだけの質素きわまりない簡易売店が二メートルも離れていない距離で向かい合っているのである。おまけに新聞と週刊誌は、当然のことながら、どちらも同じものを売っている。何だか不自然な眺めなのである。

それとなく観察していると、キオスクの女の子は、折り畳み椅子の老人にどことなく遠慮している雰囲気がある。少なくとも商売敵とは見なしていないようで、むしろ微妙に気を遣っている様子が感じ取れる。いっぽう老人の方はまったくのマイペースで、素っ気なく、商売に熱心な気配はない。

いったいこの老人は何者なのだろう。

わたしの勝手な想像では、過去に、JRによる事故の被害者として老人はシリアスな後遺症を負った。示談の時点で老人は賠償金よりも売店を営む権利を求め、彼なりのリハビリと道楽を兼ねた形でつましい商売をするようになった。いっぽうJRとしては、彼の姿を目にするたびに加害者としてのトラウマを刺激されている――そんな経緯が隠されているのではないか。あるいは彼は、本当は周辺の土地の権利をすべて所有する大金持ちで、JRは老人に頭の上がらない関係にある。そんな彼が、たんなる趣味で「ままごと」みたいな商いをしているのではないか。

どうも気になって仕方がない。だが当人に尋ねても、きっと返事もしてくれないだろう。まあそれはそれでよろしいのであるが、ろくな儲けもないのに、堂々と雑踏で商売をしているあの姿には惹かれるのである。本気だか遊びだかも分からないし、貧乏なのか大金持ちなのかも分からない。こちらで勝手にドラマチックな物語を想像したくなるような佇まいがある。そのような違和感と物語性とをさりげなく体現しているところが、わたしとしては気になって仕方がないわけである。将来、ああいった老人になれたらどうかと本気で考えてみるのだが、自分としては到底あの独特な存在感は醸《かも》し出せそうにない。

そういえば小学生の頃のわたしには、ヒマな商売をしながらぼんやりと道行く人々を眺めて過ごしたいといった願望があった。

理想は煙草屋であったが、薬局も悪くなさそうであった。通常の売薬を扱うと同時に調剤薬局も兼ね、ただし化粧品や雑貨は殆ど扱わない無愛想な店がよろしい。おしなべて店内は暗くひんやりした感じで、しかも調剤をする場所はガラスに仕切られて店の奥に設《しつら》えられている。すなわち調剤室は店の中に店があるような入れ子構造じみた造りになっていて、背後には褐色の瓶がずらりと並んでいる。そこが秘密めいていて胸をときめかせる。白衣を着て、薄暗い調剤室に立て籠もったまま、隠れん坊で押し入れに潜んでいる子供のような気分で町と向き合っていたかったのである。

【死んだ子供】

歳を経るにしたがって、何もかもが億劫になってくる。面倒になってくる。生きているのも面倒になって、その挙げ句、いつの間にか世の中から拭い去るように消え失せているというのが、実はもっとも自然な人間の在り方なのかもしれない、などと思うことがある。

ここで富岡多恵子の作品を取り上げてみたい。彼女は昭和十年大阪府出身、詩人として出発している。上方芸能に詳しく、その「あく」の強さやしたたかさがひとつのテーマになっているし、ときには殺人をも含んだ深い業を題材ともする。わたしの世代だと、池田満寿夫と同棲していたことで、アートの最前線に立つ憧れの人物として認識されていた気配がある。現在では芸術院会員で、全集も出ている。

さて富岡多恵子の短篇「立切れ」(『当世凡人伝』講談社、一九七七に収録)の主人公は、なかなか気に掛かる老人なのであった。

菊蔵という七十を過ぎた男性で、生活保護を受けながら安アパートで独り暮らしをしている。過去に三人の女房を持ったが、最後の連れ合いは二年前に亡くなっている。二番目の連れ合いは昨年老人ホームで息を引き取った。最初の連れ合いである「お糸」だけは健在で、彼女は菊蔵よりも二、三歳ばかり年上である。

かつて菊蔵は芸人であった。噺家《はなしか》だったのである。「……菊蔵は年季は入っているが、努力精進というツライものをしたと思ったことはない。なんとなく、流れるようにして生きてきたといった実感しかないのだ。それに菊蔵は六十歳にまだかなり間のある年齢で、だれからもやめろといわれないのに寄席に出なくなったのには、自分が年齢にふさわしい芸人になるなんてニンに合わぬと思っていたからでもあった。それにもともとあまり出世欲のない人間で（出世欲を表に出すのがめんどうなのかもしれないが）、菊蔵を昔から知るひとは師匠運の悪かったことをあげることが多いが、それも菊蔵だけが特殊なのではない」

芸への執念なんてものはなく、成り行きだけで生きてきたといった気分が本人にはあるらしい。執着心を欠くとか淡泊であるというよりも、最初から諦観みたいなものがあり、また面倒ということが大きな行動原理となっていた気配なのである。とはいうものの、決して無能な噺家ではなかったようである。ちゃんと真打ちにもなっている。

菊蔵には友だちというものがない。幼い時の友だち、小学校の時の友だち、長じていっしょに遊びまわった友だちと、友だちにはその時その時でいろいろあったが、菊蔵はその時が終ると友だちと別れてきた。これはだれだって同じことだ。そして今、七十幾歳かになって、菊蔵はもう友だちが要らない。彼は自分から孤独を選んでいる。周囲からは偏屈に映るが、菊蔵は面倒なことが嫌いなのである。

だがそんな彼を、周囲は放っておかない。かつて一緒に世帯を持っていたお糸はアパートまで訪ねてきてまた一緒に暮らそうと言うし、物好きな学生たちが菊蔵をやたらと過大評価したがり、町内の銭湯で「郭噺《くるわばなし》を聴く会」を作り彼を担ぎ出している（その会の最終回で演ずるのが『立切れ』という落語で、それが表題へとつながっている）。

「たしかに、いかにも細おもての役者顔というより助平面に、小柄で瘦せぎすの菊蔵が着流しであらわれると、遊びがつくった身のこなし、銭と時間という元手をつぎこむことでしか会得できぬ表情や所作があり、そこへ現在の暮しと老いがわびしさの影をかざって、遊びのはての空虚が秋のおわりの風みたいにまわりにヒソヒソと這う風情がある。まさに、落ちゆくところを知らぬバレ噺をするにふさわしい」

結局、いろいろな関わりをわずらわしく思う菊蔵が、世間におもねらないまま不機嫌に生きていくだけの物語なのであるが、ちょっと気になる描写が出てくる。アパートの近くにドブ川があって、そこに三、四歳の男の子が落ちて死亡した。子供が引き上げられる場面を彼は立ち止まって見ているのだが、若い母親はショックを受けて奇声を発している。

菊蔵はずっと、死んだ子供の、若い母親ばかり眺めていた。頭をあげると、ぽっちゃりとした下ぶくれで、首が長かった。その若い母親の顔を見て、菊蔵は、昔どこかで見たような女だと思ったが、どこのどういう女だったかは思い出せなかった。お糸ならわかるかも知れない、と菊蔵はふと思った。

その直後、彼はマーケットで夕食用に煮豆を買い、店の者が間違えて多く釣り銭を寄越したことに気付くと、嬉しそうな表情でそそくさと家路に就くのだった。

結局、菊蔵はお糸から、あの溺れ死んだ子供の母親が誰に似ていたのかを聞き出す。だが、だからどうということはない。似ていた女は君栄という大阪の女で、上京したあと行方不明になっている。その事実が感慨を呼び覚ますわけではない。ただし、まったく無意味というわけでもなさそうである。「比較的、機嫌がいい時は、ひとりでドブ川から死んだ子供がひきあげられるのを見ている時とか、五百円札で八百五十円のおつりをもらったような時だった。つまり、機嫌がいいのは珍らしいものを眺める時とか、他愛なくトクをした時ぐらいなのである」

ああ、いいなあと思う、正直で。ドブ川から死んだ子供が引き上げられていたら、わたしだって、死体も母親もじっくり観察してしまうだろう。おざなりの同情なんてする気もない。いくら何でもざまあ見ろとは思わないが、ああいったことはいくらでもあり得るのだから、貧乏籤《くじ》を引いた人がいたと思うだけである。そして嘆き悲しむ母親が誰に似ていたのか、それを確認して納得した気分になることのほうが自分の人生にとって重大だと思うだろう。いちいち思い入れなんかしても、面倒なだけである。

釣り銭を多くもらったことに気付いたら、わたしは返却するだろうが、これも「正直でセコくない自分」を演じてみたいだけである。性根は菊蔵と変わらない。

小説の最後が素晴らしい。


また、子供が落ちて死んでいないかな、とドブ川のふちを通るたびに菊蔵は思う。ドブ川はいつも黒く淀んでいて、深いのか浅いのかもよくわからないのである。ドブ川には、ところどころ、コンクリートの小さな橋がかかっている。

菊蔵は、他人の不幸が嬉しいのではない。まだ自分と無関係にはなりきっていないがどんどん遠ざかりつつある「世間」で生じた惨《むご》たらしい出来事が、孤身の自分の気楽さと寄る辺なさとをマゾヒスティックに際立たせてくれるから、「また、子供が落ちて死んでいないかな」などと思わずにはいられないのである。そこに孤独な晩年の鬱屈と醍醐味とがある。わたしとしては心の深いところで共感したくなってしまう。

*

わたしはこの章で、自分の憧れる、あるいは好ましく思う老人たちを紹介してみようとしたのだった。すると、どの老人も孤独な影を携えた人ばかりではないか。

老いに伴って、心身の能力は衰えていく。もちろん人生経験を踏まえて円熟したり豊かになっていく要素もある。が、おしなべて衰えは我々に違和感や困惑を与えてくる。自分自身がマイナス方向へ変貌していくという実感は、孤独感に通じるだろう。家族や友人に囲まれていてもなお、ある種の頼りなさや不安、無力感や孤独感が、多かれ少なかれ付いて回るのではないか。

老人となることは、死に近付くことでもある。また、馴染み深い人や大切な人がいち早く彼岸へ旅立ってしまう機会も増えてくるだろう。死とは、おそらく究極の孤独である。だからこそ恐ろしい。だからこそ祈りが求められる。

孤独であっても、淡々と、あるいは飄々と、あるいはふてぶてしく生きていく老人たちに興味が向いてしまう理由には、そのように死への不安が伏在しているからなのかもしれない。もちろんわたし自身の孤独癖が大きく関与しているからでもあるのだが。

第2章　鼻白む出来事

【パン屋での出来事】

もう十年近く前の話である。新宿にあるデパートの地下のベーカリーへ立ち寄った。美味いが高価、といった位置づけの洒落《しゃれ》た店である。土曜の午前、比較的空いている時間帯であった。

右手にトング、左手に四角い盆を持ってうろうろしていたら、一人の老人が目に入った。七十歳くらいの男性であろうか。どちらかといえば痩せ形で、背筋が伸びている。晩年の藤山一郎（歌手）に風貌が似ている。健康であることや、体力年齢の若さをひそかに自慢するタイプに見えた。もちろん気も若そうであるが、節度は心得ているようであった。薄青いジャケットを着た外見は、金銭的にも生活にも余裕があることを窺わせる。お気に入りのレストランでワインを傾けつつフレンチを楽しんだり、紅葉の季節になると妻と箱根湯本温泉・静観荘あたりに二泊くらい出掛けるのを習慣にしていてもおかしくない。彼が独りでこの店に来てパンを買っている姿には、それなりに日常を楽しんでいるといった気配があり、悠々自適といった言葉を連想させるものでもあった。以下、その老人をミスター藤山と呼ぶことにするが、店内でちょっとしたアクシデントが出来したのである。

彼は一斤のイギリスパン（スライスされていないカタマリ）を盆に載せていた。そして歩いている途中で、何かの弾みで盆が傾いてしまったらしい。横滑りしたイギリスパンは縁を乗り越えて「あっ！」という間に床に落ちてしまったのである。床の上で、パンは軽くバウンドした。市松模様のフロアに剝き出しのまま転がっているパンは、石畳に放置された裸の新生児みたいに、ひどく生々しく見えた。そんな事態に、わたし以外、不思議なことに店員も客も誰も気付いていないようであった。

ミスター藤山は、あわててパンを拾い上げた。焦っていたのだろう、素手でパンを摑《つか》んでいた。左手の盆に戻し、表情にはほんの少しばかり赤みが差しているようであった。わたしは、ぼんやりと彼の様子を眺めていた。

すると次の瞬間、彼は大股でイギリスパンが並べてある棚へ戻って行った。老人にしては意外なほどのきびきびした身ごなしで、ミスター藤山は床から拾い上げたパンを今度はトングを使ってさっと棚へ戻し、別なイギリスパンをあらたに自分の盆へ載せた。

そうして、またしてもきびきびとした足取りでレジの列へ並んだのである。まるで、何事もなかったかのように。

わたしは茫然としたまま立ち尽くしてしまった。今、目の前で起きたことは、いったい何だったのだろう？　セルフサービス形式なのだから、客が盆からパンを落としてしまうようなことだってあるだろう。普通、そんな場合は自己責任として客はそれを購入するのが常識というものであろう。ただし、ここみたいにある程度気取ったベーカリーであったら、もし店員がそのようなアクシデントに気付いた場合、おそらく「お客様、大丈夫ですか」とか言いながら商品を新しいものに交換してくれるのではないか。少なくとも服装や雰囲気が店にマッチした客であったなら、そうしてくれるほうが自然だろう。弁償しろとか引き取れなどと剣呑《けんのん》なことは言うまい。

つまりミスター藤山がパンを落とした時点で取るべき態度は、苦笑しながらゆっくりとイギリスパンを拾い上げようとする。するとその様子に気が付いた店員が駆け寄り、パンを取り換えてくれる。彼は「やあ、すまんねえ」などと言いながら、あえて好意に甘える。その瞬間の彼には、飄々《ひょうひょう》としたトーンがにじみ出ているだろう。店としては、人品卑しからぬ老人をフォローすることで接客態度のポイントを上げることになる。なるほど店は一斤のイギリスパンの代金を失ったことになろうが（床に落ちたパンは売り物にならないと判断したとするならば）、こうしたやりとりもまた店の矜持を示すといった意味では決して損とばかりは言えないのではないか。だから老人も店も、双方ともなごやかにエピソードを閉じられることになる。

と、そんなことをわたしは考えるわけである。にもかかわらず、ミスター藤山の振舞いはあまりにも自分の立ち位置を自覚していない。見苦しいではないか。あさましいではないか。

他人ならば、床に落ちたパンを食べても構わないというのか。そこまで自分勝手なのか。あのこせこせした動作はどうだろう。卑しい。情けない。恥知らずである。彼はこうした不慮の事態においてこそ、その外見に相応《ふさわ》しい「品のある老人」としての身振りを示す義務があると思う。自分の失敗に対して、年輪ゆえの貫録というか、高齢であるがための愛嬌というか、そういったもので周囲を上手く動かし収めてしまう――それこそが老人の義務であり、歳を取るとは老いぼれることではなく、こんなふうにすんなりとアクシデントを乗り切れるような空気を身にまとうことなのだと、若い者に知らしめなくてはなるまい。

うわべばかり上品ぶって、最低な奴だな。ああいう老人を指して「馬齢を重ねる」と称するべきではないか、などとわたしは甚だ不快に思ったのであった。なお、いったん床に落ちた後に棚へ戻されたイギリスパンについては、店員に一言教えたほうが親切かなと考えたが、それを食べたからといって食中毒や感染症には（たぶん）ならないだろうし、かえって変なことを言う奴だと不審がられかねないので、わたしは素知らぬふりをすることにしたのだった。

床に落ちてから棚に戻されたパンについて口を噤《つぐ》んでしまった自分の態度も含め、まことに後味の悪い出来事だったのである。

【蝙蝠日記】

直良信夫《なおらのぶお》という人がいた（一九〇二～一九八五、大分県出身）。明石原人の骨の発見で知られている。貝塚研究や動物考古学、環境考古学の鼻祖といった位置づけの学者で、しかしいわゆる帝大卒のエリートコースを辿ってはいない。在野の民間学者として出発し（最終学歴は岩倉鉄道学校、現・岩倉高等学校卒である）、相当な苦労を経て最終的には文学博士の学位を取得、早稲田の教授を務めている。松本清張好みの人物だと思ったら、ちゃんと短篇「石の骨」のモデルになっていた。

彼が昭和十八年に『蝙蝠《こうもり》日記』という本を出版している。甲鳥書林という版元で（奥付には初版三、〇〇〇部と記してある)、内容はまさに題名通り著者の素朴な蝙蝠観察の日記と、蝙蝠にまつわるコラムで構成されている。この本を、わたしは古本屋で、題名に魅かれて購入したのであった。装丁も、煙草のゴールデンバットを思わせる図柄で購買欲をそそったのである。

しかし内容はあまり面白くない。現代仮名遣いに改めてちょっと本文を書き出してみると、「三月二十二日(日)晴/朝九度、正午二一度、夕方一六度、夕方、西北風が樹の小枝を動かしていた。六時九分蝙蝠の飛んでいるのを見た。四頭、私が道路に佇んでいると、私の眼の下よりも低く道路にぶつゝかりはしないかとあやぶまれる程の低さでとぶ。私が両手をあげると、その手のごく近くまでせまってくる。そして又反転して、地上近くをとんでゆく。そばで見ていた子供が『おじちゃん、蝙蝠捕ってよ』とねだっている。蝙蝠をからかっているのか、反対に私が、彼にからかわれているのか、へんな蝙蝠である。よせばよかったのに、いきなり子供が学帽を放り出した拍子に、びっくりしてぷいと上空へ飛び去って行った。その時の一句/手をふつて蝙蝠と遊ぶ春の宵」といった調子で、正直なところ、戦時中にどうしてこんな長閑《のどか》な本が出せたのだろうかと不思議な気持ちにさせられる。

ただし序文はなかなか興味深い。またしても一部を引用してみると、「蝙蝠は、私共人間と同様に、動物学上哺乳綱に属する一員である。そこに、私共は、新しい観点を置いて、更に、此の獣の一切を再検討し、頑敵英米を撃ちこらすための、最新最精鋭兵器の製作に、専念しなければならない事の、必要であることを、切々に私は痛感するものである。此の意味に於て、私の此の蝙蝠の生態観察記は、まことに、ささやかなものではあるが、新鋭兵器の考案製作に急を要する現下にあっては、何事かのお役に立つ、暗示力をもっている事だろう。切に、有識技術者の、関心を求めて止まない次第である」。

この蝙蝠観察日記は、鬼畜英米を打倒する新兵器開発のヒントになるかもしれない、そのような有用な本であると謳っている。だが到底そんな役に立つとは思えない読み物だし、著者も（おそらく）本気でそんなことは考えていないだろう。とりあえず軍部に迎合した「ふり」をしながら、大好きな蝙蝠の（まるで夏休みの観察日記みたいな）本を上梓してしまう熱意に、わたしはちょっと心を動かされたのである。

そんな次第で、ある雑誌に古本関係のエッセイを依頼されたとき、この『蝙蝠日記』のことを書いた。するとしばらくして、編集部経由で読者から手紙が来た。字も文章も丁寧で、文面からは、老年と思われる人である。

手紙の趣旨は、わたしが『蝙蝠日記』の著者を揶揄《やゆ》ないしは小馬鹿にしているようでよろしくない、というお叱りであった。蝙蝠はレーダーに準ずる能力を備えているし、飛翔能力にも優れているのだから、科学技術のヒントとなり得ることは間違いない。あの序文は真面目かつ正しいのであり、わたしのエッセイは不謹慎である、と。当方は直良の序文が実は出版を実現するためのカモフラージュだろうというところに立脚してエッセイを組み立てているわけだが、その考えの当否を云々するのではなく、たんに序文は「正しい」し、わたしは「非礼」だと指摘する。

やれやれ洒落の分からない人だなと思いつつ、返事を書いた。レーダーは昭和十八年にはほぼ実用化されていたし、当時の技術水準からすると、いまさら蝙蝠の観察といった話でもあるまい。著者もそれを知っていたことだろう。わたしが主題としたのは、著者の浮世離れした蝙蝠マニアぶりと、軍部に寄り添う序文を無理やりに書いてでも出版へと漕ぎつけたその情熱との組み合わせの妙である、と。

すると、また老人から返事が来た。あなたの言うことは、何度読み返しても分からない。まあこれ以上言い争っても仕方がありませんな、といった文面なのである。確信犯としてあの序文は書かれていたのではないだろうかという当方の考えはまったく検討されないまま、表面上の文意をそのまま鵜呑みにして、著者に対して非礼だと主張する。そして一方的に「まあこれ以上言い争っても仕方がありませんな」と訳知り顔に打ち切ってしまう。率直なところ、わたしはかなり不快に思ったのだが、もはや再度の反論は無意味に思えて「やりとり」は終わった。

さてわたしは何を言いたいのか。さきほどの手紙のような論調とは、実はときおり出会うのである。しばしば講演で喋る機会があるのだが、話を終え、会場との質疑応答の段になると、たとえば精神医療そのもののあり方を（個人的な体験に基づいて）糾弾するようなことをいきなり言ってくる人がいる。決めつけてくるのである。戸惑いつつも一応はコメントを述べると、とにかく自分の思い込みだけを一方的に繰り返し、対話が成立しない。最後には「もういいです、これ以上は申しても仕方がありませんので」と、あたかも「下らん言い訳は聞き飽きた」といったニュアンスで（妙に慇懃《いんぎん》に）自分から打ち切ってくる。自己完結してしまう。こういった振る舞いは、まず大概は男性の老人――しかも一見したところは「かくしゃく」とした老人なのである（パーソナリティー障害やパラノイアといった人たちは、自己完結せずに次第に激昂する）。

早い話が、老化に伴う頑迷さとか思考の柔軟性の喪失といったことである（本人なりの思いがあることは分かるが、あまりにも視野の狭い意見なのだ）。それが穏健な社会人の要素と混在している。その混在の加減がどうも困ったものなのであった。

わたしが何よりも一部の老人に対してうんざりさせられるのは、そのような混在のありように他ならない。特有の偏狭さと被害的トーンに彩られた部分は、どこか尊大でしかもコミュニケーションを拒絶している。それは、老化しつつあるわたし自身も、気付かぬうちにそのような傾向を十中八九は帯びつつあるだろうといった不安につながっている。

ところで清水義範のエッセイに、彼がどこかで講演をしたら、質疑応答のときに一人の老人が立ち上がり、「先生は俳句をなさいますか」とただそれだけを唐突に質問してきたと述べてあった。質問の意図が不明だし、しかしニュアンスとしては俳句も詠まない作家ごときが偉そうなことを言うなといった反感が込められているように思えて困惑したといった話であった。その老人の自己完結ぶりも、どこかわたしの講演での質問者にトーンが共通している。

【はあ、ニートですか】

春先のことである。真っ昼間に電車に乗った。生暖かくて眠くなるような陽気である。窓の向こうには光が溢れ、ときおり桜の景色が流れ去って行く。

車内の座席はちょうど全部が埋まり、ちらほらと数人が立っているだけといった混み具合であった。この程度では、混雑しているうちには入るまい。ただし座る余地はない。

普段だったら、この時間帯はもっと乗客が少ない。大概はロングシートに一人か二人くらいしか座っていないのだが、この日は例外のようだった。わたしは出入り口の脇に立って春の郊外を眺めていた。

次の駅で、七十歳くらいの夫婦が乗ってきた。妻は小太り、夫は痩せて灰色のカーディガン、側頭部にだけ残った髪は白い。どちらもそれなりに元気で、病気や怪我を患っている様子ではない。これからデパートへ買い物にでも行くのだろうか。

この夫婦も、座席が空いているだろうことを予想していたらしかった。しかしどこにも腰掛ける余地はない。座っている者の多くは普段着の若者たちで、だが何かのグループとか団体ではない。メールを打つ者、お喋りをする者、居眠りをする者等々。学生なのか、社会人なのかはっきりしない印象の若者が多かった。時期的に春休みなのか、アルバイトなのか、就職が決まって一段落なのか、つまり彼らが暇なのか忙しいのかも、外見からは見当がつかなかった。もちろんスーツ姿の営業マンや、お洒落をした主婦の姿も座席には散見される。シルバーシートのほうには、既に八十を過ぎたであろう老人や顔色の悪い妊婦が腰掛けていた。

途中から乗車してきた老夫婦は、席が埋まっていることに当惑した様子であった。ことに夫のほうは、がっかりしたというよりも腹立たしいといった顔つきをしていた。彼らがもっと「よぼよぼ」であったなら、誰かが席を譲ったかもしれないが、そもそも夫のほうは席を譲られても「オレはまだそんなことをされる筋合いはない」と断りかねないような頑なさの感じられる人物だったのである。そんな次第で老夫婦は、わたしと反対側のドアの横に立っていた。

夫は、席に座れなかったことが悔しくてならないようであった。席を譲る若者がいなかったということ以前に、普段は空いているべきなのに今日は若者がシートを占領しているという状況そのものが許せないらしかった。不法占拠でもされた気分らしい。

尖った声で、灰色のカーディガンの夫は妻に説明をしている。理解力の劣った者に教え諭《さと》すような口調で、席に座った若者たちをちらちら見やりながら、

「あの人たち、座っている人たちはね、ニートって言うんだ。ニート」

「はあ、ニートですか」妻がのんびりした調子で答える。

「働けるのに、働こうとしないで楽ばかりしようとするのが、ニートなんだよ。覚えておきなさい」

つまり怠け者の若者たちが、そんな資格もないくせに図々しくも席に座っていて、そのせいで「まっとう」な大人である自分たちが被害を受けているといった図式を彼は描いていているらしかった。ニートの意味を本当に知っていたのか、腹立ちまぎれにわざと解

釈を歪めたのかは分からない。

彼の言葉を耳にしながら、電車で座れなかったからとそこまで憤懣やるかたない様子を示すようでは、さぞかし世間は住みにくかろうなあと思った。いまどき七十前後では老人としては「若過ぎる」。だが電車に乗ったら、やはり座りたい。シルバーシートは少々抵抗があるし、ましてや八十の老人が座っていたら遠慮せざるを得ない。いっぽう若者たちは年長者へ敬意を払おうとしない。苛立つのは十分に分かるが、ニートがどうしたなどと言い出す神経には「いやだなあ」と思わずにはいられない。終点まであの老人は立ち続ける羽目になればいいのに、とわたしは思った。

さて灰色のカーディガンを着た老人の顔つきを見て、ある記憶が呼び覚まされたのである。

十数年前にわたしは精神保健福祉センターに勤めていて、某家へ訪問に出掛けた。葛飾の小さく古い一軒家で、住んでいるのは五十くらいの息子と、七十代半ばの父親の筈であった。父親は伴侶を癌で失い年金暮らし。娘がいたが音信不通。家に残っている息子はアルコール依存症で離婚経験があり現在無職。父に金をせびっては酒とパチンコの毎日で、それどころか老いた父へしばしば暴力を振るう。父はたまりかねて、センターへ相談を寄せ、そうした経緯からわたしが様子を見るべく訪問をしたのであった。

　昭和三十年代に建てられたと思われる家は、天井が低く埃っぽくて陰気であった。障子や襖《ふすま》はあちこちが破れ、壁や家具には大きな傷や穴がある。暴力や怒声が繰り返された家屋なのだとひと目で分かった。恐ろしい家であった。

　在宅していたのは父親だけだった。畳に胡座《あぐら》をかき、家の中を見回しつつ、彼が語る悲惨な内容に耳を傾けていた。箪笥の上には日本人形が飾ってあるのだが、ガラスケースには亀裂が入り、人形の首はあり得ない形に曲がっていた。

　しばらくすると、玄関のガラス戸を乱暴に開け閉めする音が聞こえた。息子が帰ってきたのだろう。わたしの靴を見て不審に思ったに違いない。ひと呼吸あってから、廊下の床を踏み鳴らしながらこちらに息子が歩いてくる足音が聞こえた。酒を飲んでいたら、わたしに怒鳴ったり暴力を振るいかねない。だが今さら逃げ出せない。ふと父親を見ると、顔色は蒼白で緊張しきっている。

　次の瞬間、破れ襖《や》が素早く開けられた。険はあるし目つきも鋭いが、意外に端整な顔の息子であった。ただし五十という年齢よりも老けこみ、小刀で彫り刻んだような皺が目立つ。髪は長めで白髪が汚らしく交ざっている。暗い廊下から首だけ突き出して、息子は三秒くらいわたしを無言で観察していた。こちらも気圧《けお》されて声が出ない。やっと掠《かす》れた声で「お邪魔してます、お父様の健康のことで役所から来ました」と曖昧なことを言った。息子は「ああ」と興味のなさそうな返事をし、それから父へ向かって「じゃあ今晩、あの件についてな」と低い声で伝えて姿を消した。

短時間ではあったが脅威に満ちていた。そして父も怯えていた。それからもうしばらく父親と喋ってわたしは辞したのだが、喋っているうちに彼の怯えた表情は、次第に運命の過酷さに対する腹立ちと不条理に対する不満に彩られたものへと変化してきた。まさにその「腹立ちと不満」の表情が、電車の中でニート云々と語っていた灰色のカーディガンの老人の顔つきから思い出されたのであった。

【鳩と老人】

高井有一が昭和五十七年に発表した「老いの巣」（作品集『俄瀧』福武書店、一九八四に収録）という短篇は、三十年近く経った今でもまったく内容が古びていない。

高井は昭和七年、東京出身。いわゆる「内向の世代」の作家として括られ、このグループには古井由吉や黒井千次、坂上弘、前章で取り上げた富岡多恵子などが含まれる。芥川賞のみならず谷崎潤一郎賞や野間文芸賞など受賞歴は華やかで、日本近代文学館理事長も務めたが平成二十八年没。

さて、「老いの巣」である。主人公の左知子は大学生の息子を持つ主婦であった。息子は寮に入り、現在は「海際の埋立地に建った団地」の五階に夫と二人暮らしである（おそらく羽田空港の近辺）。小遣い稼ぎに、昼間はミシンで刺繡の内職仕事をしている。内職の合間に顔を上げる。すると、窓の向こうに気になるものがふたつ見える。

ひとつは鳩である。近頃、やたらと鳩が増えた。群れをなして図々しく振る舞うし、糞が洗濯物を汚したり迷惑この上ない。追い払おうとしても平然としている。

もうひとつは、ちょうど真正面、向かいの棟の五階である。ここに老いた女が住んでいるのだが、朝を過ぎてもカーテンを閉め切ったままで、いやに違和感を発散させている。おまけにしばしばベランダに出ては鳩に餌を撒いているのである。左知子はたまたま窓からその餌遣りの場面を目撃したのだったが、餌を撒く老女（季節外れの白い毛糸の帽子を被っている）を目がけて鳩がざわざわと群れ集い犇《ひしめ》く様子の生々しさに、寒気立つ思いをする。

老女のことが気になった左知子は、その人物が井杉あやという名で、「家族に嫌われて置去りにされちゃって」独り暮らしをしていることを別な住人から教えられる。鳩に餌を与える孤独な老人という構図に、彼女は重苦しいものを感じる。

左知子は早いうちから両親を亡くしている。孤独に対する不安を強く胸に秘めている。

寄る辺ない気持ちが嵩じて、精神を一時的に病んだこともあった。それゆえに、井杉という「置去りにされ」た老女のことがなおさら気になっていたのかもしれない。だからこそ、ある日、自分の家のベランダに鳩の糞を見たときに左知子は逆上し、あの老女があんな調子で餌なんか撒いているとどこのベランダも鳩に占領されてしまうんじゃないか、などと飛躍した考えに囚われてしまったのだろう。怒りに駆られた彼女は、向かいの棟へ出向き、文句を言うべく玄関のチャイムを押したのだった。

井杉は、いやに落ち着いた態度でドアを開けた。背が低く、灰色の裾の長いガウンを着て、例の白い毛糸の帽子を被っている。丸い目は義眼のように動かないまま相手を見つめる。左知子は井杉から室内へ招じ入れられる。家具は殆どなく妙に片付いているのがかえって不自然に映る。ベランダの向こうに自分の家の窓が見えることに、彼女は奇妙なリアリティーを覚える。以下、現代仮名遣いに改めて引用する。

「鳩は可愛いですか」

「可愛くはありませんよ。近くで御覧になれば判りますが、あれはずいぶん獰猛な顔付きの鳥ですからね」

「だったら、どうして餌なんかおやりになるの」

左知子がこう言っても、井杉あやは詰《な》じられたとは感じなかっただろう。いつの間にか相手に引寄せられて、左知子は低い声になっていた。

「どうしてと仰有《おっしゃ》られても、うまく御返事出来ませんね。鳩が来ますよね、毎朝。そうするとわたくしが出て行く。お客さまを迎えるのとおんなじ。可愛くなんかなくたって、お客さまはお客さま、でしょう。だから、おもてなしをしなくてはなりませんでしょう。とにかく、玉蜀黍《とうもろこし》は、一年分くらいも用意してあるんですよ」

（中略）

「でもね」

念を押すような気持で左知子は言った。

「鳩のために困っている家もあるんですよ。乾し物なんか汚されますしね。あたくしの家もそうですけど。あんまり酷く汚されると、殺してやろうかって、思ったりしますわ」

ブラシで何度もこすって洗い流した箸の汚物の臭いが、鼻先に甦って来るようで、左知子は眉を寄せた。しかし、老人に餌を撒くなと強いる気は、既に失せていた。

「仕方がありませんね」

しばらく考える風をしたのちに、井杉あやは言った。

「生き物ですもの。人間だって、汚い事をずいぶんやるでしょう。仕方がありません」

井杉あやの口許にも、ようやくうっすらと笑いが浮いた。

左知子はすっかり気勢を削がれてしまったのであった。

その後も井杉は鳩に餌を与え続けていた。そしてほぼ一年後の春先に、左知子は浜辺へ散歩に出て、井杉に出くわす。人影に乏しく、ゴミの打ち寄せられた散文的な浜で、井杉あやは丸太に腰を下ろしてスーパーで買った稲荷寿司を食べていた。午後四時に近い時刻である。

成り行きから左知子は一緒に丸太に座り、稲荷寿司まで勧められる。二人の会話は、屋上の給水タンクの中にゴキブリの死骸が大量に溜まっているらしいとか、どこかグロテスクなトーンを帯びている。やがて井杉は、自分の境遇について自ら語り出す。

「お隠しにならなくていいのですよ。聞いていらっしゃるのでしょう。わたくしが家族から棄てられたって。孫に邪慳《じゃけん》にしたもので嫌われて置いてけぼりにされたって。薦められて旅行に出掛けて、帰って来てみたら、家は蛻《もぬけ》の殻だったって。聞いていらっしゃいますでしょう」

　そこまで言われて、左知子は、重ねて否定する気にはなれなかった。井杉あやは、明らかに何かを語りたがっていた。

「そう言えば、聞いた事があるような気がします。でも、嘘だと思ってましたから」

「みんな本当です」

　と井杉あやは言った。

「だけど、わたくしは何も知らないで置去りにされたわけではありませんよ。もとはと言えば、わたくしが言い出した事なんです。あたしは旅行に出掛けるから、その間に、お前さんたち出てお行きってね。出て行く場に居合せればお互いに気まずいでしょう。わたくしは涙をこぼしたりする気遣いはありませんが、嫁に泣かれでもしたら、やりきれませんからね。旅行に行って、三日目に帰って来てみたら、部屋に牀《とこ》が敷いてありました。真新しい蒲団に真新しい敷布。嫁の心尽しだったんでしょう。でも、わたくし、直ぐそれを片付けてしまいましたの。好意に甘えてしまうようでは、どうしようもありませんからね。その蒲団は今でも、真新しいままでありますのよ」

井杉が強調する真相は、本当なのだろうか。いきなり彼女は、あなたはわたしのことを可哀相だと思っているのだろうと左知子に迫る。左知子は、そんな井杉の振る舞いを漠然と予想していたことに気付く。そして「可哀相とまでは思いません。でも、お淋しいんじゃないかと」と答える。

「淋しくもありませんよ。わたくしは、自分で決めた通りにやっているんですから。年寄が淋しくなったり、可哀相になったりするのは、自分では何にも決められなくて、人の言うがままに動かされてしまうからですよ。わたくし、そう思いますね。それじゃあ、身体が丈夫だって、寝たきり老人と同じじゃありませんか。愚痴をこぼしたり、つまらない事を僻《ひが》んだり、自分が自分の主人じゃなくなるから、そんな惨めな事になるんです。わたくしは、違います。ですから、わたくし、倖せなのですよ」

「そうですかしら」

どうしてそんな切口上で物を言わなくてはならないの、苦しいでしょうに、と言いたいのを抑えて、左知子は相槌を打った。老人は、恐らくは苦しんだ末に見付けた生活の方法を人に語って、自分でも何とか納得したいのだろうと思った。

「高望みをすれば切りがないのでしょうけれど、このままで、わたくし、ずっと過せればいい。それで充分に倖せだと考えているんです。淋しくありませんよ」

ここまで言い募られては、左知子としても相手に合わせるしかない。しかし以後、彼女はときたま井杉宅を訪ねて、お裾分けの形で食べ物を差し入れしていた。

ある日、午後になっても井杉の家のカーテンが閉ざされていることに左知子は気付く。わずかながらも異変を感じて彼女は老人の家を訪ねる。

井杉あやは風邪をひいて寝ていたという。室内には体臭が籠もっていた。しばらく会話をして帰ろうとすると、井杉は左知子に頼み事をしてきた。別れた筈の家族に宛てた分厚い封書を、送って欲しいという。「お手数でしょうけど、書留にして下さい。昨夜、一所懸命書いたので、若《も》し届かなかったりすると困りますから」と弱々しげな様子で託された封筒に書かれた文字は「糸がもつれたように細い字であった」。

しかもかつて初対面のときに左知子が、鳩を殺してやろうと思ったりすることもあると言ったことを、唐突に井杉は蒸し返す。

「殺さないで下さいね」

掠《かす》れて、殆ど聞えないくらいの声で、井杉あやは言った。

「汚くて、厭でしょうけれど、あれでも生き物ですもの。お願いですから、生き物は殺さないで下さい」

左知子は返事をしなかった。そして黙ってお辞儀をし、立って戸口を出た。老人は追わなかった。


なぜ左知子は返事をしなかったのか。たとえ単なる意地であったとしても、どこかチューニングの狂った生き方であったにせよ、とにかく老人は孤独な生活を自己肯定しつつ生きていた筈であった。それなのに、今や井杉はすっかり弱気になっている。そんな変化が、左知子の心に潜んでいる孤独への不安を揺さぶるのである。今さら、心変わりをする老人を彼女は許せなかった。

だから彼女は怒りに駆られる。「為体の知れない憎悪が沸き立った。殺してやる、と深く息を吸って左知子は思った。どうして殺してはいけないだろう、殺された方がいい生き物だってあるではないか、生きる事が恥でしかないような生き物が」

物語はここで終わる。井杉は家族に引き取られることになるのか。あらためて家族から拒絶され、失意のうちに心身ともに衰弱していくのか。それとも左知子の心のほうが、再び変調をきたすことになるのか。いずれにせよ、異物感のような片付かない気分を残したまま物語は終わる。

*

年寄りに向かって馴れ馴れしく「おじいちゃん」「おばあちゃん」と呼びかけ、まるで幼児のように扱おうとしたがる若者がいる。往々にして彼らにはいかにもそのような勝手な決めつけをしかねない鈍感さが窺われる（善人ではあるけれど）。しかし我々もまた、老人に対して何らかのイメージを一方的に抱いている。欲望から解放された恬淡《てんたん》とした姿であったり、あるいはその正反対であったり、頑固で気難しい姿であったり、酸《す》いも甘いも嚙み分けた人生の達人の姿であったり、と。

わたし個人としては、鷹揚《おうよう》で年輪に見合った知恵と、さらには落ち着きと諦観とを兼ね備えた風格とを、つい老人に期待してしまう。ことさら悟り切ったり人格者であることまでは期待しないが、枯れ具合と愛嬌との絶妙なブレンドをどこかで求めている。もちろんそれは当方の勝手な思い込みに過ぎないけれど。

この章に登場した老人たちは、期待を裏切った人々である。わたしの、あるいは（小説の登場人物である）左知子の勝手な思いに沿わなかった老人である。当惑や反感を招き寄せた老人たちである。

老人だって個性があるし決して一律ではない。それなのに、わたしはつい外見で判断してしまう。イメージで判断してしまう。このようなタイプはきっと毅然としたものを持って生きてきた人だろう、そちらのタイプは歳を取ってますます短気や性急さが目立ってきた人だろう、あちらのタイプは角が取れて円満さがキャラクターとして定着した人だろう、などと。老人に対しては、自分でも驚く程にステレオタイプに相手を決めつけてしまう。そしてそのステレオタイプから外れれば鼻白んでしまうし、まさにステレオタイプそのものであったなら、やがて老人の仲間入りをするであろう自分の戯画を見せられた気分になって屈託してしまう。

老いることは人生体験の積み重ねであるにもかかわらず、徐々に個性という多様性が失われ、雑駁なステレオタイプへと収斂《しゅうれん》していくプロセスであるかのように世間では考えられていないだろうか。あたかも心身の衰えが多様性という「ざらつき」を摩耗させていくかのように。

おそらく、わたしは老いていくに従って、偏屈で意地悪で寂しい老人となっていくであろう。ひと筆描きの描写で事足りそうな「いやなじじい」で片付けられてしまうだろう。いやなじじいであることはその通りであるにしても、そのようにタイプ分けされてオシマイ——そんな呆気なさが付いて回る。老人たちの孤独感や鬱屈には、そうした粗雑な決めつけを受けがちな立場に由来している部分が予想以上に大きい気がしてならない。

とはいうものの、たとえば人品卑しからぬ「かくしゃく」とした老人がアンフェアなことをすると、わたしは必要以上に失望し立腹してしまう。イメージに忠実でなかったから、と。強がりを言ってまでも独りぼっちの生活を送っていた井杉あやが、風邪を契機に急に弱気になったりすると、左知子は裏切られたように感じてしまう。勝手なものである。

老いることとは、自身の在りようを一方的に決めつけられ、それを甘受させられることなのである。つまり物語を押し付けられることに他ならない。しかもその物語は、なべて安っぽく底が浅い。不良少年にまつわる物語のように。

第3章　老いと勘違い

【歳を重ねるということ】

おそらく、多くの人は歳なんか取りたくないと思っているのではないか。少なくとも、積極的に老いたいとは願わないだろう。子供時代には明日にでも大人になりたいとうずうずしていたものだが、中年を迎えて以降「早く老人になりたいなあ」と望む人は稀《まれ》だろう。定年退職が待ち遠しいとか、あくせく働くよりも隠居生活に憧れるといったケースはあるだろうけれど。

老人になることは「残された時間」の少なさを痛感することである。心は過去へと向かいがちとなり、円熟と老いとはなかなか上手く均衡してくれない。気付かぬうちに自己評価が当てにならなくなり、空回りが不安や焦燥を煽るようになる。

なるほど渋い老人になれるのならばそれも悪くないものの、「老けこんだねえ」と言われて喜ぶ者はいるまい。認知症の老人すら、自分の年齢を若く言う。十七歳と自称することはあっても、二百歳であるなどと言い張ったりはしない。

昨今では、誰もが若く見られたがって血道を上げているように思えてしまう。かつては、若く見せようとしてそれが上手くいっていない姿ほど見苦しいものはない、といった空気があったような気がするけれど今ではそんなことはない。若作りは浅ましいことでも、醜態でもない。身の程知らずでもなければ、悪あがきでもない。人間の精神において、若くありたいと願うほうが自然なのだといった共通認識が生まれているように感ずる。

とは言うものの、やはり限度があるだろう。ただしその限度の見極めが難しい。いや、それは「若作り」といったテーマだけに限らない。根本的な思い違い、履き違い、勘違い、そして恥――そうした当惑せざるを得ない事柄は、歳を重ねるほど増えていくように思われる。

といったことを前置きにして、中原文夫の短篇小説「本郷壱岐坂《いきざか》の家」を読んでみよう。『けだもの』という作品集（作品社、二〇〇九）に収められている。

なお中原文夫は昭和二十四年広島県出身。純文学では芥川賞候補に一度挙がっているが、ホラー小説を書いたり句集や歌集を出したり、本業は何なのか、調べてみてもどうも判然としない。寡作の部類に入ろうか。平成二十二年、日本文藝家協会のニュースレターを読んでいたら新入会員として名が出ていたので、ベテラン作家だと思っていたわたしは意外に感じたことを覚えている。

【苦い記憶①】

主人公は今年で八十九歳になる老人、藤堂哲太郎である。終戦直後に事務用家具製作の事業を興し、今では多摩川沿いの五百坪の敷地に三階建ての社屋と工場、社員寮を持ち、従業員は百八十名に及ぶ。大会社でこそないものの、零からの出発としては大健闘したと讃えられるべきだろう。社長の座は五年前に息子の竜太郎へ譲り、現在の哲太郎は会長職に収まっている。心身ともにしっかりしているし、妻の多恵子も元気である。事業も順調だし、申し分のない老年期を送っていると言えるだろう。

ここで高田涼子《すずこ》という二十歳そこそこの女子社員が登場する。

三週間前に一介のOLとして入社した彼女は、なぜか周囲との折り合いが悪い。孤立している。性格的に問題でもあるのだろうか、同僚を苛《いら》つかせたり上司が持て余すことがしばしばあるらしい。些細ではあっても相手を鼻白ませるような言動を、示しがちなのかもしれない。そんな涼子が、給湯室で三人の女子社員から詰《なじ》られている場面を哲太郎は偶然に目撃する。

その時彼は、詰られている涼子の顔から、七十年以上も昔の記憶を呼び覚まされる。中山スズという女と、どこか面差しが似ているのである。

その事実が哲太郎の心を揺さぶった。彼は強引にも涼子を会長秘書に任命する。唐突きわまりない人事である。彼女の解雇を考えていた竜太郎は、社長の立場として不満を露わにするが、哲太郎は理由を告げずに涼子を役員室へと異動させる。

会長秘書といっても、会長は名誉職のようなものだから実務にまつわる仕事は少ない。必然的に、哲太郎の私用をこなすことが多くなる。芝居の前売り券の購入とか、旅行の手配といったことをさせられる。だが彼女はそんな雑用をちっとも厭わない。だから彼には性格的に問題を抱えた社員とは映らない。むしろ気立てが良く、純朴な娘なのである。

気まずさ半分、ねぎらいの気持ちが半分で、ある日哲太郎は彼女を寄席に誘ってみた。チケットの手配をさせるだけではなく、たまには「本物の」寄席の雰囲気を味わわせてあげたくなったのである。

すると涼子は躊躇することなく同行してくれ、しかも寄席を存分に楽しんでくれた。本来は勤務時間ではないのだから、誘いに付き合う義務などない。若い娘にとって、老人が行きたがるところなど退屈なだけかもしれない。けれども彼女は決して嫌がらず、芝居見物だろうと食事だろうと実に楽しそうな様子を見せてくれた。なるほど涼子の給料では行けないような高級レストランや料亭に行ったりもするわけで、しかし彼女は変に身構えることもなく、素直に驚いたり嬉しがってくれる。下心があって涼子を誘っているわけではないから、哲太郎の妻・多恵子が一緒の機会も多い。涼子の飾らない態度、喜びように哲太郎夫妻は心を和《なご》まさずにはいられない。次第に、会長の自宅へも涼子は招かれるようになった。

そもそも哲太郎は、高田涼子の顔立ちから中山スズという女を思い出したのである。それがすべての始まりなのだった。では中山スズとは何者か。

哲太郎の父であった昭三は、ある財閥の忠実な社員であった。重役とか管理職とかの主要な地位にあったわけではない。無遅刻無欠勤の勤勉な事務員に過ぎなかったが、財閥の総帥である島崎には覚えが目出度く、本郷の壱岐坂に一軒家を与えられていた。昭三は妻を結核で失い、一人息子である哲太郎の面倒を見ながら事務員として忠勤に励んでいたのであったが、島崎はそんな状況を哀れんでくれた。そこで使用人の一人であった中山スズを住み込み女中として派遣してくれたのである。昭和九年のことであった。

スズは不況と凶作とで喘《あえ》いでいた岩手の農家から島崎のところへ引き取られた極貧の

娘であった。本郷壱岐坂の藤堂家に移ったときの年齢は十四歳、哲太郎と同い年である。生い立ちの貧しさゆえにろくに学校にも行っておらず、指に切り傷を負った彼女へメンソレータムを渡したら飲み薬と間違えて軟膏をぺろぺろと嘗《な》めたといった逸話が生じるような田舎娘であった。我慢強く、黙々と健気に仕事をこなす働き者であった。

そんなスズに対して、まだ中学二年の哲太郎はどう振る舞っただろうか。山出しで発育不全の娘でしかなかった彼女へ、恋心とか性的関心を覚えることはなかった。殊勝でいじらしいスズに、哲太郎はある種の気恥ずかしさを感じていたのかもしれない。寡黙で我慢強いところが、あたかも哲太郎を揶揄《やゆ》しているかのように錯覚されたのかもしれない。中学生なりの鬱屈もあったのだろう。哲太郎は、事あるごとにスズへ無理難題を吹っかけ、あるいは意地悪をした。「……スズは庭で洗濯物を干していて、しんこ細工の飴売りが近間を通ったりすると、すぐに板塀の隙間から外を覗くような娘だったから、三河万歳の角付け芸人が玄関先にやって来たのを彼が見物していた時など、興味津々で家の中から身を乗り出そうとしたものだが、奥へ行って仕事を続けるよう、哲太郎は冷たく言い放った。あの頃はスズの境遇を察していながら、もっと不幸な顔つきを見たいという乾き切った非情さが胸底に潜んでいたように、今更ながら思うのだ」

つまり現在の哲太郎はあの本郷壱岐坂で一緒であったスズに、罪悪感とノスタルジーとが混ざり合ったような複雑な感情を抱いている。今ではもう、スズの消息は不明である。そんなスズを彷彿とさせる顔立ちの、しかも周囲から温かく受け入れられていない高田涼子を会長秘書に指名し、自宅へ呼んだり行楽を伴にさせることは、哲太郎にとっては贖罪《しょくざい》に近い営みだったのである。

【苦い記憶②】

涼子が嬉しがるようにと、哲太郎はいろいろなところへ彼女を連れて行った。立場や年齢の垣根を越えて、気さくな態度で話を交わしてきた。まさにスズのときとは大違いである。彼女も、いかにも楽しそうに振る舞っていた。だから涼子が風邪で数日会社を休んだときも、午後二時頃、会社から徒歩でわずか十五分のところにある彼女のマンションを哲太郎は気軽に見舞ったのだった。

「あれえ、どうなさったんですかあ」

見舞いだと聞いてすぐに扉を開け、中に招き入れてくれたのは、異性としてまるで警戒されていないようで些か寂しくもあった。リビングルームに入ると、二つのソファーにミッキーマウスやスヌーピーなど十数個のぬいぐるみが置いてある。涼子はうさぎの人形を手に取り、指を後ろから突っ込んで口をぱくぱく動かしながら、近くの病院から戻ったところだと言って、会社でたちの悪い風邪をうつされたとぼやくのだった。（中略）

この日は同業の御隠居同士の昼食会でビールを少し飲んでいたので、ほろ酔い加減にのぼせた気分がまだ残っており、だからこそ気軽に涼子の住処を訪ねたわけだが、まろやかな心地の中で神経もすっかり緩んでいる。やたらとしゃべりたくなった哲太郎は、スズをいじめたことなどを隠す気持ちも失せ、テーブルで涼子と向き合うと、コーヒーを啜りながらその幾つかを語り聞かせるのだった。

「風呂に入ってるところを、覗いたこともあるんだぜ。勿論、ふざけてからかっただけのことだけど、スズのやつ、えらく驚いたらしくて、物凄い悲鳴を上げたもんだよ」

調子に乗ってそんなふうに吐露したものだから、涼子がコーヒー・カップを口に運びながら苦笑まじりに睨んだのも無理はない。だが実を言うと、これは口が走り過ぎただけのことで、覗き見などしてはいないのだ。

そんな愚かしい逸話をでっち上げてまで、哲太郎はスズとの日々を、陰湿さを脱色して語り直さずにはいられなかったのである。だがそれが弾みとなって、彼はあらためてスズの消息を調べてみようと思い立つ。

幸運が手伝って、哲太郎はスズの娘と出会う。仙台在住、製薬会社の研究所長を務める六十六歳の大柄な女性で、およそスズの弱々しい印象とはかけ離れている。彼女によれば、スズは昭和二十七年に大阪で病死したという。やはり長生きはしていなかった。わずか三十二年の生涯であった。

驚いたことに、スズは娘へ、哲太郎宛の分厚い封書を託していた。律儀にも娘はそれを形見のようにして大切に保管し、封も切られていないその手紙を哲太郎へと渡したのだった。

手紙を読むことに、哲太郎は多大な勇気を必要とした。無理もない、延々と恨みつらみが記されていても不思議はないのだから。「おぼつちゃん、もし生きてをられて読んで下さるなら有りがたう」と、鉛筆書きの稚拙な文面は始まっていた。そして意外にも、スズは哲太郎とその父へ深く感謝をしていた。本郷壱岐坂の家にいた二年間こそが人生で唯一の幸福な期間であったとまで言い切るのである。

実際、スズは本郷の家を出たあと下女となった先で性的虐待を受けたり、つまらぬ男と駆け落ちをしたり、「喫茶ガール」をしたりしつつ、極貧の生活を送っていた。夫がサイパンの製糖工場に働き口を見つけたために新天地に渡ったが、太平洋戦争では散々な目に遭い、戦後も靴磨きや廃品回収などをしながら社会の底辺を這い回り、遂に衰弱して亡くなってしまう。遺書というべきか回想録というべきか、そのたどたどしい筆跡の手紙を読むと本郷でのさまざまなエピソードが、哲太郎とはまるで違う視点、まったく別な意味合いで捉え直されていた。彼は勘違いをしていた。スズは哲太郎を恨んでも憎んでもいなかった。それどころか慕っていたのである。

その手紙を読んだことで、哲太郎の罪悪感は払拭されただろうか。心が癒されただろうか。若き日の彼の底意地の悪さによって生じた筈のエピソードを彼女がちっとも根に持っていなかったことは、哲太郎を安堵させなかった。ますます切なく、身の置き所のない気持ちへと彼を引きずり込んでいくのだった。しかもその〝勘違い〟という事象は、今や別な形でも姿を現しつつあった。

【愕然と恥辱】

思ってもみなかった事態が出来した。哲太郎の工場で火事が起きたのである。そればかりか、電話で知らせてきた息子の竜太郎は、大変なことを口にする。あの高田涼子が工場へ火を放ったらしい、おまけにその間接的原因は哲太郎にあるのだ、と。

竜太郎は声を尖らせて、咎めるような口付きになった。今朝の五時過ぎ、涼子が総務部長の自宅に電話を掛けて来て、哲太郎のことで直訴に及んだと言うのである。

「これまでのとうさんの仕打ちには、もう我慢が出来ないって、さんざん泣きわめいたそうだよ」

会長が退勤後の彼女を何かと私用で拘束し、休日は自宅に呼び付けて妻の代わりに調理を押しつけたり、温泉への同伴を強要するなど、まるで使用人のように扱って来たという苦情らしい。

「あいつが浅草に行ったことがないなんてうっかりしゃべったら、しょっぴくように連れてったそうだね」

数え上げればきりがないほど、傍若無人のふるまいが目に立ったが、相手が相手なので弱い立場の自分としては、機嫌を損ねるのが怖くて嫌でも従わざるを得ず、楽しくもない芝居や食事に付き合わされて無理な作り笑いを強いられた、という訴えだった。

（中略）

「あいつの部屋で二人きりになって、酒臭い息を吐きながら卑猥な話をしたんだってね。女が風呂に入ってるところを覗いた、とか何とか言ってさ。何かされるんじゃないかと思うと、怖くてしょうがなかったそうだよ。……」

（中略）

「ところがそれだけじゃおさまらなくて、どうしても会長の秘書をやめさせてもらえないなら役員室で首をくくるって、また総務部長の家に電話をして来たんだ」

哲太郎の言動や好意がすべて歪曲され、悪意に色づけされているではないか。涼子の豹変ぶりはどうしたことなのか。縊死《いし》までしようとは何事なのか。

「かなり動揺してて、一時は自殺の心配もあったもんだから、馴染みの病院に連れてって鎮静剤の注射を打ってもらってね。そのまま入院して落ち着いたと思ったらこっそり病院を抜け出して、その直後に例の火事だよ。まったくとんでもないことになっちまった」

事態はどんどんねじ曲った方向へ逸れていく。涼子は同僚にも被害を訴えたそうで、社員有志から総務部長宛にセクハラ糾明委員会設置の請願が出ていたことまでを哲太郎は知る。「うちは小さな会社なんだ。みんな家族みたいなものなのに、トップが従業員を可愛がって何が悪い」「とうさん、分かってくれよ。もう時代が違うんだってば」

その晩、憔悴した哲太郎の家の電話が鳴った。だが無言電話だった。受話器を握る彼の耳へ、相手の声は聞こえてこない。

受話器を握って押し黙る自分が何かに怯えているのに気づいた時、「はあァー」と息を長く吐いているような密かな気配が耳に届いた。底無しの絶望が空気を震わせているような、妖《あや》しくおぞましい響きだが、聞き覚えのある女の声音を微かに帯びている。

「涼子さんだね、そうだろ」

哲太郎の声はひび割れていたが、しばらくして洩れて来たのは、叫びを押し殺したような呻《うめ》き声で、その後、やっと涼子が言葉を吐いた。

「ああ、いやだいやだ、もういやだ」

「涼子、落ち着け、落ち着くんだ。今、どこにいる？　居場所を教えてくれないか。

誰か人を行かせるから……あ、いや、わたしが行こう」

「えっ？　冗談じゃないわ。会長、いったいあなたが何しに来るっていうのよ。これ以上わたしを苦しめるんなら、もう死んでやるんだから」

「何をそんなに興奮してるんだ、涼子。落ち着きなさい」

「気安く呼び捨てにして、召し使いだとでも思ってるの」

「ばかを言うなよ。親しみの気持ちを込めてるだけじゃないか。きみを身内のようにいつくしんでるからこそ、気さくに話しかけてるんだ」

「身内のようにいつくしむ、だってえ？　わあ気持ちが悪い、ほんとうにもういい加減にしてよね」

（中略）

「そんなことはもういいんです。わたし、会社をやめることにしましたから。でも、どうしても言っときたいことがあって、これだけはお伝えしようと思って、それでお電話したんです」

そう言えばスズも、あの手紙に同じようなことを書ていたな。ただそれだけを言ひたくて伝へたくて……と。

「何だね、言ってごらん」

「わたし、この先の人生をあと何年生きられるかまったく分かりませんけど、でも、残りの生涯ではもう二度と会長みたいな人とめぐり会いたくないの。それだけです、ごめんなさい」

俺はどういう人間なんだろう、と哲太郎は自問していた。思い当たるふしもなく他人から慕われ、そしてまたかくも憎まれるというのは、これはもう立派な罪ではないか。

哲太郎は涼子からこれ以上ない「おぞましい」感情を突き付けられた。衝撃を受けた彼は、縋《すが》るようにして本郷壱岐坂の家とスズのことへ思いを寄せる。この物語は、スズという過去の娘と涼子という現在の娘、それぞれ互いに感じ考えていたことがまったく違っていたという皮肉を縒《よ》り合わせて綴られているわけだが、老人である哲太郎はもはや壱岐坂の家へ精神を遡行させるしか立場はなく、それは取りも直さず哲太郎の心が幽明の世界へ迷い込んでいくことを意味するのだった。そうした点で、この短篇小説は怪談に属するだろう。

【不穏な性格】

なお精神科医の立場としてコメントをしておくなら、高田涼子のような精神構造の人物は世間に一定の割合で遍在している。ある種のパーソナリティー障害（人格障害）には、まぎれもなく彼女のように「最初は普通に見えたのに、あるとき豹変して相手へ憎悪をぶつけ、今まで自分は耐え忍びつつ演技をしてきたと言い放つ」といった類型が存在する。態度の激変ぶり、それまでの言動に込められた意味をすべて逆転させてみせる根深い悪意、えげつないばかりの攻撃性といったものは、往々にして相手へ深い精神的ダメージを与える。そのダメージによって、もはや人間そのものを信頼できなくさせてしまうのである。

何よりも、信じ難いほどの「品のなさ」をいきなり剝き出しにするところに涼子のような人物たちの凄まじさがある。作者の描写の巧みさは驚くばかりで、それこそ実際に被害に遭ったことがあるのではないかと思わせるほどのリアリティーに満ちている。

【難儀なこと】

長々と「本郷壱岐坂の家」について書いたのは、思い違いの恐ろしさと老いることとの関係について考えてみたかったからである。あるいは「恥」について。

我々は常に勘違いや恥と連れ立って生きていかねばならない。若いときには若いなりに、老いれば老いたなりに思い違いや恥辱と向き合わざるを得ない。たとえそれが客観的には自意識過剰や錯覚や油断の産物でしかなかったとしても、そこには切実なものが生じることになる。

恥というテーマについて、それをあからさまに書いたかどうかはともかくとして、作家の吉行淳之介は相当に敏感な人だったのではないだろうか。そのあたりが基盤となって彼なりのソフィスティケートされたところが出てきたのだろうし、肝臓癌を宣告された際に「シビアなことをおっしゃいますなあ」と医師へ返答したという逸話にしても、恥といった事象にいつも思いを巡らせていた人物だからこその台詞《せりふ》という気がする。そんな吉行の短篇に「食卓の光景」（一九六五、『不意の出来事』新潮社、一九六五に収録）という作品があり、本文中で、彼がある中国料理店で遭遇した出来事が語られている。

その店は「いわゆる高級料理店」で、チャーハンだとかヤキソバだとか餃子で手早く空腹を満たすといった種類の中華料理屋とは一線を画していた。食通が来たり接待に使われたりプライベートな記念日に利用されるといった種類の店だったわけである。そこで吉行が仲間と卓を囲んでいると、隣のテーブルに一人の大学生が座った。連れはいない。帽子は被っていないが学生服姿で、折鞄を持っている。「身なりは見窄《みすぼ》らしくはないが、富裕な家庭の子弟ではないことが分る。贅沢をして、五目ソバでも食べようと考えて、この店の扉を押したことが分る」。だがメニューを開けば、凝った料理の名前ばかりが延々と並び、高価だったり時価と記してあったりする。果たして、学生服の青年の横顔がメニューを前にみるみる緊張していくのが吉行の目に映る。明らかに青年は、お門違いの店に迷い込んでしまったのだ。吉行もまた、緊張して事態の成り行きを見守っている。

もしも私が彼だったら、どうする。椅子から立上がり、

「勘違いをして入ってしまったから、帰る」

と言い残して、戸口に向かおう。財布に金が乏しいのは、恥ずべきことではない。場違いの場所で、なんとか辻褄を合せようとするほうが醜態になる。しかし、そうと分っても、私が彼だとして、そのように闊達に振舞えるだろうか。振舞いにくい年頃といえる。

それが出来ないとすれば……。彼の手にあるメニューを、あと二枚ほど繰れば、中華ソバの項目が出てくる。なるべく安いソバだけを注文しても、拒否することは

店の側としてはできない。

しかし、彼はメニューを閉じて、白いテーブルクロスの上に置いた。

「馬鹿」

と、私はおもった。刺戟的気分になっているのが分る。あらためて、彼の面皰《にきび》の痕に視線を当ててみる。残酷な興味も動いているのに気付いた。

彼は、女給仕を呼んだ。

「なにか、麵類はありませんか」

よろしい、その調子で頑張りたまえ、と私はおもう。その言い方に気取りがあるのが気にかかるが、そのくらいはやむをえまい。

女給仕は背をかがめて、卓の上のメニューを開いた。メニューの上に指を当て、そのままの姿勢で顔を彼の方に向けて何か言っている。その恰好から、親身の感じが漂った。

一区切りついたと私はおもい、自分の料理の皿に戻った。

若いときには、このような形で思い違いや恥に遭遇することもあろうし、そうしたものをあれこれと経験していかねば懐の深い人間にはなっていけまい。そして歳を取れば、また相応の恥が待ち受けている。「本郷壱岐坂の家」に説得力が備わっているのは、その思い違いや恥のありようにどこか普遍性が感じられるからだろう。哲太郎は、もはや高級中国料理店で惨めな思いなどしないで済む境遇に辿り着いた筈なのに、今度はもっと別な陥穽《かんせい》が待ち受けていた。まったく人生とは、関西弁を用いて「難儀やなあ」とぼやきたくなる体《てい》のものである。

【若くあろうとすることについて】

ところで人間の行動様式のもっとも根底にあるものは、おそらく無力感だろうとわたしは考えている。それは劣等感とか自己実現とか、そういったものよりもなお深いところに根を張っている。無力感にそのまま押し流されて受動的かつ無気力な人生を送る者もいれば、無力感を克服しようと努力し、あるいは自暴自棄になる者もいる。無力感を誤魔化そうと虚勢を張る「ならず者」もいれば、根拠の乏しい全能感にしがみつこうとする者もいる。依存症に陥ったり何かに「のめりこむ」ことで乗り切ろうとする者すらいる。無力だからこそ不条理を受け入れきれず、無力だからこそ世の中を不条理だと実感する。

恥という感覚は、無力感に自己嫌悪が注ぎ込まれたときに生ずるものであろう。どんなに歳を経ても、どんなに成功体験を重ねても、無力感から脱することはできない。達観とか悟りの境地といったものは無力感へのかなりハイ・レベルな対処法のひとつだろうが、そこには麻酔薬を自分で自分に注射するような微妙な欺瞞のトーンが伴っていないだろうか。

ならば自己嫌悪はどうなのか。これまた自己嫌悪の種は尽きない。しかも自己嫌悪の対象は、現在の事象も過去の事象も該当する。肯定した筈の過去が、不意に意味を逆転させたり勘違いであったと気付くことなどいくらでもある。若いうちの恥は、やがて取るに足らぬ失敗であったと笑い飛ばしたり客観視できるようになる可能性の方が高いけれども、老いてからの恥は人生そのものを問われてしまう場合も稀ではないのではないか。

ここで、若くありたい、若く見せようという欲望についてあらためて言及してみたい。なるほど若さへの憧れは、ちっとも異常ではない。むしろ当たり前のことであろう。だがアンチ・エイジングには、往生際の悪さといったことではなくてもっと別な種類の違和感を覚えもするのである。気持ちは分かるが、どこか自己陶酔めいた軽さが付きまとって気色が悪い。だからわたし自身、息子の世代と大差のない服装をしたり「年甲斐のない」音楽へ密かに情熱を傾けたりしつつ、いまひとつ居直りきれない。もやもやと居心地が悪い（そのくせオレはストーンズよりも年下だ、などとわざわざ思ったりする）。自分に対してもそうだから、同年代の他人が若さに執着していたなら、それが意識的であれ無意識的であれ苦々しい気分になる。寛容になれない。勝手なものである。

笑顔と軽々しさと空《から》元気とが混ざり合ったような「アンチ・エイジング的なもの」には、どさくさに紛れて人生における難儀なものを引き受けずに済まそうとしているかのような印象が付きまとう。いや、そんなふうに感じるのはわたしだけで、すなわち世を拗《す》ねた偏屈な精神から発していることは自覚している。が、世の中全体が軽躁状態になったかのごとく若さを闇雲に信奉しているその風潮には、歳相応の思い違いや恥を無効にしてしまおうとする小賢しい手口みたいなアンフェアな感触を覚えてしまうのである。まあそれはそれで人生に対する工夫や発明の一環として捉えれば良かろう。目くじらを立てるほうが大人げない。ただし、そんなことで思い違いや恥から逃げおおせると思ったら大間違いである。

【年齢に似合わぬ若さ】

年齢に似合わぬ若さということについては、こんな記憶がある。

ひとつは、都心のビルディングへ朝早く出向いた際のことである。エレベーターから足を踏み出すと、ちょうど清掃の人たちが仕事開始のためホールに集まっているところであった。おそらくシルバー人材センターとか、そういったところから派遣されたのであろう。高齢の男女のみで構成されたチームであった。

ふと見ると、彼らの中に美人（！）がいるのである。垢抜けているというか、明らかに「しろうと」とは違う雰囲気のオーラがある。しかも品がある。高齢であることはちゃんと見て取れるし、少ないながら皺もあるが、にもかかわらず異常に若く見えるという事実も分かる――そんな二重性を備えていた。背は低いが背筋は伸びている。薄く化粧はしている。高慢とか気取ったところは微塵もない。初めて清掃の仕事をするので戸惑って曖昧な笑みを浮かべている、といった様子だった。かつては、さぞや男性に注目されたことだろう。いや、今でも十分に目を惹く。

「くろうと」っぽい外見なのは明らかなのだから、彼女には黙っていてももっといろいろ別な仕事が舞い込んできて当然に見えるのである。彼女がユニフォームを着てモップを手にしているのは、どう考えても似つかわしくない。高級な料亭の仲居とか、あるいは彼女が座っているだけでも給料を払ってくれる場所がありそうな気がするのである。

　彼女に目が向くと同時に、他のメンバーの様子にも興味が惹かれた。誰もが妙に居心地悪そうにそわそわしている。女性たちは、戸惑いと嫉妬とでぎこちない。男性たちは、気にはなるけれども下心があるように思われるのも心外だといった様子で落ち着かない。本人を含め、全員が浮き足立っている様子がはっきりと伝わってきた。

　いったい、この光景をどう解釈すべきなのだろう。自分がその存在感だけでチームに波紋を生じさせているのを、この人はちゃんと分かっているのか。彼女はたんに無防備で天真爛漫な人間でしかないのかもしれないし、ここに至るまでには本人なりの複雑な物語があったのかもしれない。いや、もしかすると自分がもたらす影響力をはっきりと意識したパーソナリティー障害的人物かもしれないとすら思いたくなった。

　経緯などどうでもよろしいが、桁外れに若く見える（しかも美人という）存在はドラマチックというよりも異物感に満ちた迷惑な存在に近いのだなあといった感想をわたしは持ったのである。本来それは非難などされる謂われはない筈の性質のものだが、歳相応とか月並みであるといったことの意味を考えさせられたことは事実である。

　もうひとつは、夜中に個人タクシーに乗ったときのことであった。愛想の良いドライバーであったが、運転しながらこちらをちらちら何度も振り返るのである。わたしのほうに不審な点でもあったのかと思ったら、そうではなかった。ドライバー氏本人が、自分の顔を当方に見せたかったらしい。しばらく走っているうちに、彼は口火を切った。

「お客さん、わたし何歳くらいに見えますか？」

六十代後半からせいぜい七十歳程度に見えた。が、実際には八十を超していたのであった。さすがにこれには驚いた。同時に、運転は大丈夫か、反射神経が鈍っているのではないかとそちらのほうが心配になった。彼は人生の来し方を面白可笑しく語り、若さの秘訣は仕事に尽きますよと付け加えた。正直なところ、どうしてそんな説教までされなきゃならないんだとやや憮然としたものである。

なるほど若く見えるのは自慢の種になろう。それを自ら披露するのはあまりエレガントとは思えないけれど、いちいち説明しなければ分からないこともまた事実なわけである。おそらくあのドライバー氏は、客を乗せる度に「わたし何歳くらいに見えますか？」と尋ねているのだろう。それもまた社交術のひとつかもしれないし、面白く感じる客だっているだろう。「若く見える八十歳」という特異な存在なりに、彼だからこそ味わわねばならない落胆や恥辱もあることだろう。

だが若く見えるからといって寿命も延びるわけではない。あのドライバー氏と遭ってから二十年近く経つから、おそらく彼はもう鬼籍に入っているのではないか。若々しい顔の遺体のほうが葬式の参列者にとっては、「良いお顔をなさって……」と挨拶の台詞には便利に違いない。

【精力的な人】

しばらく前に、画家の東郷青児（一八九七〜一九七八、鹿児島県出身）について少しばかり調べたことがある。マンネリズムといったテーマの中で調べたので、決して彼に好意的なスタンスでいたのではない。事実、わたしは彼の絵を美術品としては評価していないし、作品を一枚進呈しようと申し出られても辞退するだろう。ただし画業を否定する気はないし、当人は実に好奇心をそそる人物である。

昭和三十五年に、日本経済新聞の「私の履歴書」という欄に東郷は自伝的な文章を寄せているが、それを収めたエッセイ集『他言無用』（毎日新聞社、一九七三）の最後の部分は以下のように締め括られている。

とにかく、ずいぶんいろいろなことで、心にもなく世間を騒がせては来たが、どうやらこうやら、絵でめしが食えるようになったのは四十五歳を過ぎてからのような気がする。

疎開第一号で非国民呼ばわりをされた代わりに、終戦の年には即日帰京して、二科を再建したり、再建したと思ったら飛出す者があったり、よそ目には波乱曲折、息つく暇もないような起伏だらけの道だったが、ここまでくると、しごくありがたい私の人生だったのである。年の功と、終始変わらない有島師匠の引き立てで、芸術院賞を頂戴し、さらにまた昭和三十五年には、思ってもみなかった日本芸術院会員に選出されて、一応功なり名をとげた私になってしまった。血の気の多い私は、まだまだやりたいこと、したいことが山ほどあり、語るに事欠かないが、それはいずれ別冊をもって、章を起こしてみたいと思っている。

この本が出た五年後に彼は没するが、最後まで精力的に活躍をしていた。認知症の気配もなく、身体も健康そのものだった。旅先での急逝だったけれど腹上死の噂すら立ったという。アンチ・エイジングの努力など不要であったし、自ら「一応功なり名をとげた私になってしまった」と書けるくらいなのだから、東郷の人生は光に包まれて終わったというべきなのだろう。

だが画家であるよりも策謀家だと世間からは言われていた。有名ではあっても絵の価格はさして高くなかった。フランスで過ごした体験を発酵させ、大衆に分かりやすい芸術を目指したと本人は主張するがそれはどこか自己弁護めいて聞こえ、所詮は女子供を喜ばせるイラストレーションのレベルだと陰口を叩かれていた。画壇での勢力も、次第に衰えつつあったという。

もしかすると東郷青児にも、あの藤堂哲太郎と高田涼子との出来事にも似た勘違いと恥のエピソードは起きていたのではないか。ただし東郷は、それを（表面的には）平然と受け止め、それどころか酒の話題にしかねない逞しさがある。もちろん動揺したり傷つかない筈はない。が、そんな気配など他人には見せない。ではそれが何らかの形で絵に反映しているかといえば、そうでもない。だからこそ彼の絵はファイン・アートの範疇には入らないということになる。

彼なりに大変なことも多かったろうし、無力感を克服するためにどれだけの努力を要したろうかなどと月並みな感想を口にせずにはいられない。東郷は思い違い、思い込み、履き違い、勘違い、そして恥――そうしたものから逃げおおせられたのだろうか。まさかそんな筈はない。しかしそのような難儀なものが伏在する気配を濃厚に漂わせつつ、自らの毒気で帳消しにしてしまうところに、彼の面白さがある。彼の人生を眺め渡して勇気付けられたり羨むことはないが、こういった人物もいなければ世の中は活性化しないだろうなという気にはさせられる。

＊

自分自身のことを省みると、年齢が高くなるほど恥知らずになっていく。呆れるばかりである。ことに五十を過ぎたら、その傾向が著しくなり、では恥を実感することとは縁が切れたかといえばそんなことはない。むしろボディー・ブローでじわじわ響いてくるような、そんなシリアスさが加わってきたように思える。冗談では済まされなくなってきているのが、何やら心を重苦しくさせる。

大人なりの経験と分別とで自分をきちんとモニターしてさえいれば、さほどの間違いはない筈にもかかわらず、どうやら加齢と共に構図全体を読み間違えるような大掛かりな錯誤をしがちになってきている。それが嵩じると、まさに生き恥を曝《さら》すようなことになりはしまいか。

そろそろ人生について自己肯定をしたい気分が切実になってきているのに、ふとしたことでまったく勘違いをしていたことに気付き、肯定すべきつもりだった材料が一挙に自己嫌悪の対象に下落してしまいかねない——そんな思いが脳裏をかすめることがある。妙に生々しくそんなイメージがわたしを圧迫する。円熟だの枯淡だの、そういったものに憧れつつも、事態はいきなりオセロゲームのように裏返しになってしまうのではないか。

歳を取ることは、老眼とか腰痛とか記憶力の低下といった話ではなく、もっと難儀なものが罠《わな》として待ち受けているということではないのか。そのようなことを近頃は本気で考える。アンチ・エイジングなどと「おどけて」いて大丈夫だろうかと心許なくなるのである。

第4章　孤島としての老い

【無人踏切】

巣鴨の地蔵通りに面したお寺の境内で、耳掻きを買ったことがある。煤竹を削った結構高価なやつで、ただし使い心地はすこぶる良い。縁日の出店みたいな構えで、手作りの耳掻きだけを売っていた。テレビで紹介されたこともあるようで、中年とおぼしき男性が一人で製作と販売をしていた。

耳掻きを買った翌年に、その男性が亡くなったことを知った。病死だった筈で、しかし何によってその死を知ったのかは記憶にない。とにかく「あっさり死んじゃったなあ、あの人」というのがわたしの感想で、《おばあちゃんの原宿》と称されている巣鴨で商売をしていたくせに早死にをするなんてルール違反だなどと勝手なことも思ったのであった。

あの耳掻きを売っていた男性、透明になったまま、いまだに境内のあたりで何か言いたげに突っ立っていそうな気がする。
ところで詩人の菅原克己（一九一一〜一九八八、宮城県出身）の作品に、「散歩」というのがある。以下のような詩である。なお菅原克己は「党籍のないまま日本共産党機関誌『赤旗』のプリンターや商業図案の仕事に携わりながら詩作に励む」と西田書店の紹介文には記され、新日本文学会を活動拠点としていた。おそらく彼の詩でもっとも有名なのは「ブラザー軒」という作品で、フォークシンガーの高田渡が曲をつけて歌ったからである。息子の高田漣とのデュオによるライブCD『27／03／03』で聴くことができる（名作！）。まあそれはそれとして「散歩」である。

おじいさんとおばあさんが散歩していた
小さな無人踏切があった
おばあさんは耳が遠く足がわるい
おじいさんが先に渡っておばあさんはあと
そのとき、警報機が鳴った
早く来いよ、とおじいさんが言った
おばあさんは耳が遠く足がわるい

おじいさんは、こんどは
来んな、来んな、とさけんだが
すでに電車は来てしまった……

散歩が好きだったおじいさん、おばあさん
今日、妻とふたりで歩いていると
どこかで声がする
もう樹も畠もない
空もない
誰もいないしんかんとしたところで
――来んな、来んな
おじいさんがひとり
ぽつんと佇立している

つましく生きていても、運命とは無慈悲なものだなあと思う。老いることは、悲しく情けないものだと思ってしまう。妻と一緒に歩いていた詩人にも、いずれ似たような悲劇が待ち受けているのかもしれない（結局、もう作者は二十年以上前に亡くなってしまったけれど、幸福な晩年だったのだろうか）。

それにしても、独りぼっちになってしまった「おじいさん」の孤独感とは、どれほど辛いものであったのだろうか。気まずさ、寂しさ、自己嫌悪、そのようなものに苛《さいな》まれつつ彼は残りの人生を送っていかねばならなかっただろう。どうしてそんな目に遭わねばならないのか。

基本的に、世の中は弱り目に祟《たた》り目、弱者はそのことでなお追い詰められ、不幸は不幸を呼び寄せる——そのような意地の悪い仕組みになっているといった認識がわたしの中にはある。すくなくとも医師としてさまざまな形の不運や不幸を見てくると、今述べたような感想を抱かずにはいられない。不遇であることは、それを帳消しにするような出来事が不意に訪れる可能性よりは、なおさら足を引っ張るような「思いも掛けない無情なエピソード」に絡め取られる危険のほうが遥かに高い。

だからわたしは負けたり失敗したりすることが嫌なのである。たとえ些細な敗北や過ちであろうと、それが運命に「付け入る隙」を与えることになりそうで怖いのである（おかげで人生は疲れることこの上ない）。そして老いることもまた、悪意に満ちた運命が付け入る隙のひとつとなり得るように思われて、意気消沈してしまうのである。しょぼくれた老人であればそれに相応《ふさわ》しい不遇が訪れるであろうし、無理に若さに執着するような老人にはそれを嘲笑するかのような不幸が駆け寄ってきそうな気がしてならないのである。

【ええなあ】

では、老いることは絶望に近い意味を含んでいるのか。
わたしの趣味の第一は散歩で、ただし野山とか風光明媚な自然環境と親しむ気はまったくない。町や市街地、とにかく人々があからさまに（そして愚かしげに）生を営んでいる場所をうろつくのでなければ面白くない。埃っぽい場末や、うらぶれた駅裏、投げ遣りな雰囲気の漂う商店街、安っぽさの充満した飲食街、無意味なデコレーションや馬鹿げた工夫の施された店舗などを眺めるのが好きなのである。
オムライスやハンバーグや生姜焼きなどがメインの小さな洋食屋のショー・ウインドーの中になぜか陶器でできたちっぽけなエッフェル塔の置物がそっと飾ってあったり、鍋も包丁もスコップも金槌も売っている金物屋の天井に万国旗が張り渡してあったり、果物屋の壁に棚があって桃やパイナップルの缶詰がそのまま十年以上も並べられていたり、大仰な扉の脇に棕櫚《しゅろ》の生えた薄暗い写真館、《ブティック喫茶》と称して古着みたいな服を吊した奥の一角がコーヒーを飲むカウンターになっている店、「目覚まし時計、大特価！」と貼り紙を出している廃業寸前の時計屋、持ち帰り用の餃子を客に渡す窓口が宝籤《たからくじ》の売り場を連想させる中華屋、鮮魚店の隣でそっと愛好家を相手にしている熱帯魚の店、そういったものを見るのが楽しい。脱力感と肯定感とが一緒になって身体の中へゆっくり広がってくるようで、気が休まる。

写真家であり随筆家の武田花（いちいち注釈を付けるのも野暮な話であるが、作家の武田泰淳と武田百合子のひとり娘。一九五一年、東京都出身。猫好き。浮世離れした印象は母親譲りか。わたしと同年齢の天才を挙げよと迫られたら、彼女しか思いつかない）も似たような性向がある人のように思っているのだが、彼女の『イカ干しは日向の匂い』という本（角川春樹事務所、二〇〇八）に、「老女」と題された小品が載っている。

静かな昼下がり。古い家屋が立ち並び貧乏臭い旅館や和菓子屋などがちらほらとあり、路地があちこちにあって道端には鉢植えがあって犬が寝ているような退屈な町を彼女は歩いている。たまに見かけるのは老人ばかりである。

ありふれた二階家があって、玄関には「あなたも私も楽しく歌って踊りましょう。カラオケ道場〇〇」と貼り出してある。実際、雨戸も障子も開け放された二階からは演歌らしき女の歌声が聞こえてくる。

通りに立ち、買い物籠《かご》を提《さ》げた小柄な老女が二階を見上げている。私も並んで立つと、「昼間っから、ええなあ。歌って踊って。カラオケかいな」、笑って言う。

彼女も老女も、楽しげな二階の様子が気になるので、通りの真ん中へんまで後退《あとじさ》って見上げるのだった。

煤《すす》けた天井、黄ばんだ襖《ふすま》（海と松の絵柄らしい）の、おそらく六畳間。「チャンチャカチャッチャ……あなたのおそばでなんとかかんとか……おんなのさだめがどうしたこうした……チャカチャカチャンチャン」、マイク片手に動き回る女の姿が見え隠れする。「ええと、着物着て、髪の毛は高く結って膨《ふく》らんでて、目鼻立ちのはっきりした、眉《まゆ》の濃い、色白の、歳《とし》は四十前後、襟足《えりあし》を見ると毛深そうな、ええと、着物の柄は遠くてわかりませんが紫色の……」、ひどく腰が曲がっているため、よく見えなくて残念そうな老女のために、拙《つたな》いながら解説をする。「白い指をくいくいっと、よく動かして、あっちでなよなよ、こっちでもなよなよよ、体も柔らかく、こういうのは民謡踊りというのでしょうか、演歌の踊りでしょうか、ところどころ盆踊りにも似てますが……」。老女は口をぽかんと開けて聞いている。

女の顔の向け方と表情から察するに、誰かが座敷の奥に坐《すわ》っているようである。きっとカラオケ道場の生徒さんだ。

とろとろと眠くなりそうな陽気である。歌ったり踊ったり楽しそうである。こういう人たちは、昼間っから燗《かん》をつけて鰻《うなぎ》に玉子焼きなど取り寄せて、ますます精をつけ、ますます歌い踊るのだろうか。想像しながら、ふと視線を移せば、玄関内の土間に置かれた盆の上に重箱が二つ並んでいた。やっぱり。

「お昼に鰻重食べたんでしょうか。あのお師匠さんと生徒さんは」

「あれ、ほんまに……。ええなあ」

「ええなあ」

私たちは顔を見合わせ、深く頷《うなず》き合うのだった。

これでオシマイ。素晴らしい文章である。なぜ素敵なのか。

真っ昼間からカラオケで踊って鰻重というのは、なるほど考えようによっては極楽である。だがそんなものが本当の極楽でないことも、作者はちゃんと分かっているのではある。

ないか。こんなショボい町の一軒家の二階で、天井は煤け襖は黄ばんでいる。そのような場所で浮かれている人たちがいる。所詮は、キッチュで貧乏臭い範疇でのいじましい「極楽」である。まだ陽の沈んでいないうちから銭湯の湯船に沈んで「極楽、極楽」と口にするのと大差のない極楽でしかない。二階で歌い踊っている人たちに比べて、路上の作者と老女とが惨めであったり不幸というわけではない。そんなことは百も承知で、それでもなお「ええなあ……」と言い合うところに妙味がある。

それは予定調和とかいった賢《さか》しらな話ではなく、ある種の寛容さと肯定感を示唆している。嫉妬したり悔しがったりするわけではなく、部分だけを見れば極楽であっても全体としてはさして幸福な境遇にはないであろう人たちへの、共感と好意である。苦笑しつつも相槌を打つかのような「おおらか」さなのだ。そうした心のありようが、真っ直ぐに書かれているところが素晴らしいのである。

そして「ええなあ……」と頷き合うとき、少なくとも片方は年寄りでなくてはなるまい。素直にそれを口に出せるには、相応の人生経験と気取らなさと諦念とが必要だろう。肩の力がいい具合に抜けていなくては駄目で、そういった点では老人、ことに老女をわたしは羨ましく思うことがある。

【蔵の窓の幽霊】

老いることは往々にして弱者となることに通じる。隅に追いやられ、時流から取り残され、多くの可能性が狭まり、孤独感が深まっていく。ことに棺《ひつぎ》の定員は一名限りという意味で、老人には孤独の影が付きまとっていく。

けれども、衒《てら》いもなく「ええなあ」と言える境地もまた悪くはないと想像したりもするわけである。すると、たとえばこんな物語はどのように捉えるべきだろうか。

少女小説から家庭小説、歴史小説と旺盛に健筆を奮った吉屋信子（一八九六〜一九七三、新潟県出身）に、「黄梅院様《おうばいいんさま》」と題された短篇がある（一九五二、東雅夫編『文豪怪談傑作選　吉屋信子集　生霊』ちくま文庫、二〇〇六に収録）。作者の一人称で、あたかも実体験のようなトーンで書かれている。

「私」は太平洋戦争の間、疎開をしていたが空襲で東京の自宅は焼けてしまった。終戦を迎えたものの、建築統制というものがあって十二坪以上の家は建てられないことになっていた。そんな手狭な家では新築する価値などない。だが家がなくては東京には戻れない。

東京でも地域によっては運良く焼け残った家があって、それが広くて状態も良ければ、買い取って住むことを考慮する余地が出てくる。作者の家に出入りしている骨董屋のK堂主人が、耳寄りな話を持ち込んできた。相応に広く、由緒正しい人物の持ち家が売りに出ているという。先代は貴族院議員をしていて、本宅は関西だが東京の別邸が焼けずに済んだものであるらしい。

価格は法外ではないし、それ以外に作者を魅了する要素があった。ひとつは立派な茶室があるということ。もうひとつは、蔵が敷地に建っていること。「明治時代の左官仕事の念の入った塗籠《ぬりご》めで、腰はみな海鼠《なまこ》になってい」る。さらに蔵の脇には大きな巴旦《はたん》杏《きょう》の木が二本植わっている。作者は昔ながらの土蔵や巴旦杏には個人的な思い入れがあり、だからK堂主人の話に身を乗り出す。

だが実際には、茶室は空襲での延焼を避けるため（屋根が藁葺きだったので）、地中に埋められてしまっていたし、巴旦杏の木は二本とも枯れてしまっていた。立派な蔵はしっかりと残っていたが。

おまけに、その邸宅には幽霊話があった。K堂とは別の骨董商Rからの情報である。

「化物屋敷って幽霊が出るんですか？」

私は化物という形容詞がどんな意味でその邸に使われているのか念を押してみた。

「ええ、そりゃ出ますとも、何でも白髪のお茶筅《ちゃせん》にしたお婆さんがひょっこり出るのだそうです。夜中に台所になどうっかり出ると、流しに向うむきになって黒い被《ひ》布《ふ》のそのお婆さんが立っている。それから蔵があって、その蔵の窓へやはり白髪のお婆さんの顔がふっと浮かんで見えるといいますよ。何か祟《たた》りでもあるんじゃありませんかね。その為に今の若い当主が売りたがっていてもなかなか買い手がなくて、だんだん値が下ったという話ですよ、いくら蔵附きでも幽霊なんて景品がついていちゃあ……」

と、前歯の抜けた口をあけてRは小気味よさそうに笑うのだった。

作者は、老婆の幽霊に対しては嫌悪感を覚えなかった。「……しかしその売邸に出るという幽霊が、お茶筅の白髪のおばあさんというところが面白かった。／何だかあくが抜けてさっぱりしていそうでしかも黒い被布を着て上品ぶっているところが、私はそんなに怖い気がしなかった。実は私の老母もやはり白髪のお茶筅で、外出の時やお客様の時は黒い被布を来《ママ》て出るので、そういう枯れた姿に馴れているせいかも知れない」といった次第で蔵附きの邸宅を買おうかどうしようかと思案しているうちに、いつしか建築統制が緩められ、作者は自分好みの家を新築できることになった。「化物屋敷」

は購入せずに終わり、邸宅はどこかの成金によって談合や密談などに利用される類の料亭に改装されたのだったが、では幽霊の件はどうなったのか。

ふとしたことから、作者は邸宅の持ち主の孫娘と出会い、彼女の口から真相を知ることになった。

祖父が亡くなった後、祖母は黄梅院様と呼ばれてあの邸で元気に暮らしていた。愛国心が強く、また気丈夫で、空襲が激しくなっても決して疎開しようとしなかった。いざとなったら薙刀《なぎなた》でアメリカと戦うつもりであった。「……その薙刀の外《ほか》にも、昔の女の懐剣というのを、今度はもんぺの懐に入れだして、口癖のように（もし日本が敗けたらその日のうちに、私は覚悟をきめて居るよ）と申すのでございます」

同居していた孫娘の夫は、軍需会社へ勤めていた関係で、八月十二日には既に日本が無条件降伏する予定になっていることを知る。が、それをうっかり祖母の耳に入れる訳にはいかない、なぜなら日本降伏の日は祖母の自決の日となってしまうのだから。これは困ったということで、家の者全員で敗戦のことは伏せ、苦肉の策として、まだ戦争は続いていると祖母（黄梅院様）を騙すことにしたのであった。

そのことはあの植木屋夫婦にも、祖母つきの老女にもよく言い含めまして……ラジオは主人がわざと真空管をゆるめまして故障だと申しますとなおせといいます。仕方がないので、放送がさっぱり聞こえなくなったということに致しました。（ではいよいよ放送局もやられたかい）と、祖母は悲痛な顔をいたしました……。ですから十五日の玉音の御放送など、私はあの裏の植木屋の家で極《ご》く低い音にして聞きました。けれども終戦となれば、近所ではもう夜も平気で灯をつけ始めますし、祖母があたりの様子に気がついては大変だというので、祖母をあの奥庭の蔵の中に住まわせることにいたしました。もう危険だから木造建築より蔵住居《くらずまい》がいいと主人と二人で何とかかとかいいくるめますと、（ああ、それではいよいよ敵前上陸をして来たのじゃな、弾を打ち合っているのかい、流れ弾にあたって死んでも詰《つま》らん、生きて日本の勝つのを見るまではな）と申して蔵住居を承知いたしました。それから畳を敷きつめて俄《にわか》作りの蔵座敷をしつらえ、使い水などは始終運ばせてなんのことはない祖母を蔵に押し込めていたようなものでございます。もっともその前に、祖母は防空壕の出入りに足をくじいて立居不自由になっていましたし、何といっても九十近い年齢なので外にも出たがらず、蔵座敷の中を厭がらずに居りました。あの蔵の中と申しますものは夏は涼しく冬は暖いので祖母は結構そこで終戦の冬も越しました。何も知らずに――時折私たちをつかまえて（東京はまだ守って居

ろうね、二重橋は大丈夫かい）
など申して居りました。

こうして終戦後もなお、黄梅院様はまだ本土で決戦が続いていると信じながら土蔵で暮らしていた。窓から垣間見える彼女のことが、いつしか幽霊の目撃談となって広まっていったのであり、当人はそんなことなど夢にも思っていなかった。敗戦の翌年の春まで黄梅院様は「かくしゃく」としていた。そして自然死した。「……眠ったまま老木が自然に枯れたような往生でございました。私どもの祖母への心づくしはせめても敗戦を知らせずに逝《い》かせたこととでも思って諦めました……」と孫娘は語ったのだった。

【陽の当たる島】

未だに戦争中と思い込みつつ土蔵で暮らしていた黄梅院様のことを、読者はどのように感じたであろうか。情報を遮断されたまま完璧に騙されて生涯を終えたのだから（しかも近隣からは幽霊と間違えられて）、これは人間としての尊厳に関わる問題だと捉える人もいるだろう。玉音放送で自決しかねない老婆だったのだから、緊急避難的な対応としてやむを得なかったと解釈する人もいるだろう。黄梅院様へ徐々にでも現実を受け入れるように説得の努力をすべきだったのではないかと眉を顰める人もいるに違いない。若い頃のわたしであったなら、おそらく老婆への孫娘たちの対応はアンフェアであると不快感を覚えたに違いない。集団で狂言を演じて当人を土蔵に暮らさせる、なんて恥ずべき茶番である、と。

だが五十代も後半になってくると、印象が異なってくるのである。早い話が、事態が徒《いたずら》に複雑になるよりは、こういった解決法もあって良いような気になってきたのである。それは安直な妥協だとか臭い物に蓋的な発想で言っているのではない。知る権利を無視するといった話でもない。

実はこれに相似した事態に精神科医としてのわたしはときおり直面する。統合失調症で妄想にのめり込んでいたり、認知症で現実を誤って捉えている人たちを前にして、嘘をつくべきか否かといった判断が必要なことがあるのだ。倫理とか道徳といったものに関わるので、なかなか苦慮することがある。しかし今のわたしは必要ならば平気で嘘をつく。それはこちらの都合が良いように相手をペテンに掛けることとはニュアンスが異なる。

相手の内的現実を簡単に修正できるくらいならば問題はない。そうでないから頭を抱えるのであり、修正が困難だったりトラブルが伴いかねないならば、一旦は相手に「沿う」のが賢明ではないのか。そこから現実離れした考えに対して徐々に修正を図るのも結構だし、ゆっくりと頭を冷やしてもらうのもOKだろう。迎合するわけではないけれど、こちらが沿う姿勢を示さずに教え諭《さと》そうとしても、大概の場合、相手は考えを正してもらったとは感じない。自分自身を、自分の存在を否定されたかのように感じてしまうだけである。

騙すといった文脈で考えるのではない。間違った現実認識に囚われている相手は、それがどこか馴染みやすいというか感覚的にフィットするところがあるから執着しているのである。馴染みやフィットといった部分を大切にしてあげなければ、相手を尊重したことにはならない。当方が羞恥心や気まずさをしっかりと自覚しているのなら、相手のオリジナルな世界をとりあえず容認するのは卑怯でも何でもない。

しばしば我々が錯覚しがちなことのひとつとして、人間は矛盾に耐えられないといった思い込みがある。とんでもない、人は平然として矛盾を踏まえて日々を営んでいくし、ついでに言い添えるなら、いっぺんに二つのことを思考することだって可能である。ただし文章にしたり他人に伝えようとすると、一貫性がなかったり辻褄の合わないことは忌避される。まあそれは仕方がない。が、自分を駄目な人間だと悩みつつも一目置かれるべき人間でもあると同時に思っていたりすることは、日常では珍しくあるまい。他人と論議しつつ同じ頭の中でまったく別なことだって考えられる。人の精神は、それほどにフレキシブルというか鷹揚《おうよう》なところがある。

黄梅院様を騙していたつもりが、ある日、「どうだい、戦争中のふりをし続けるのもなかなか大変じゃろ」などと逆に孫娘を労《いたわ》ってにやりとする場面だってあり得るのが現実なのである。え、気付いていたんですか？　二項対立の剣呑な考え方ばかりしていては、誰の心も安らがない。場合によっては、騙したり、「あえて」騙されてあげることがコミュニケーションの一つの形となり得るのだ。そういったことを念頭に置いてこそ、世の中には滋味が出てくる。

二階で昼間からカラオケを歌いつつ踊っていて、それどころか鰻重まで取り寄せている人たちに対して「ええなあ」と顔を見合わせて頷き合うその呼吸と、どこか深いところで繫がった精神のあり方は重要だと思う。そうした気持ちがあれば、黄梅院様の物語も異様な奇譚とばかりは言えないことになってくるだろう。

老いた人は、洋上に浮かぶ孤島のようなものかもしれない。もはや本土とは隔たり、往き来も簡単ではない。だが島は海に漂っているわけではない。海底から屹立した山の頂点が海面に顔を出しているのが実際の姿であり、しっかりとした歴史の堆積を踏まえて存在している。海面下では、どれほど広大な裾野が孤島を支えていることか。

島は孤立しているのだろうか。それとも、周囲の海に守られ独立した時間の流れる小世界なのか。無人島に辿り着いた漂流者は、島を救済と見るかもしれないし、逆に島へ幽閉されたと感じるかもしれない。孤島は、それを眺め、あるいは上陸する者それぞれによってさまざまな意味を生じ得る。

北の暗い海で荒波の打ち寄せる岩だらけの孤島もあれば、長閑に陽の当たる瀬戸内海の小島だってある。後者のような島をイメージしながらわたしは老人と向かい合いたいし、自分もそうなりたいと思うのである。


【ちょっと後】

平均寿命からすると、連れを失ったおじいさんよりは、連れを失ったおばあさんのほうが世間には多いことになる。仕事としてあちこち訪問をした印象で述べるなら、やはり老女の独り暮らしのほうがどこか安定感があり自然である。男独りだと、マイペースというよりは悲哀めいたものが付きまといやすくなる。

老人の出てくる詩では、わたしはつい天野忠（一九〇九〜一九九三）を思い出してしまう。天野は京都府出身、平易な言葉によってまるで古道具屋の棚を眺めているような独特の詩世界を築いてきた。読売文学賞、毎日出版文化賞を受けており、思潮社の現代詩文庫に収められた『天野忠詩集』がもっとも入手しやすい。彼の作品には、さまざまな老人たちが描かれるが、この「つもり」と題された詩はどうだろうか。七十四歳で出した詩集『古い動物』（れんが書房新社、一九八三）に載っている（現代詩文庫にも再録）。

ある夜更け
じいさんとばあさん二人きりの家に
ひょっこり
息子が様子を見に来た。
ばあさんはまだ起きていて
台所の調理用の酒の残りを振る舞った。
——ところで　と陽気な顔になって
息子は云った。
——ところで、ここの夫婦は

どっちが先に死ぬつもり……

じいさんは次ぎの間で寝ていて
暗闇の中で眼を開けた。
——おじいちゃんが先き
ちょっと後《あと》から私のつもり……

白い方が多くなった頭をふりながら
次ぎの朝早く息子は帰った。
急がしい仕事がたくさん待っているので。

じいさんはおそい朝めしをたべた。
おいしそうにお茶漬を二杯たべた。

えてして、死ぬ順番なんかを考えたりすると、その翌日に仕事先で息子がクモ膜下出血か何かで逝ってしまったりするものである。運命というやつは、そのような類の番狂わせで人々を右往左往させるのが大好きなことなど、我々はとっくの昔に学習済みだった筈ではないか。にもかかわらず、我々は懲りることなく自分のことを棚に上げて両親のどちらが先に死ぬのだろうなどと言っている。

それにしても、じいさんだって世の理というものは分かっているのであって、ばあさんよりも先に死んだ方が楽だわい、などと思いつつ朝飯にお茶漬を二杯も美味しく食べたのであろうか。わたしも妻よりは早く亡くなりたいものだと思っている。

【病室に暮らす】

夫を見送り、子供たちとは距離を置き、あるいは最初から独り身のスタイルで、いずれにせよ独り暮らしの老女というものにわたしは興味がある。《おばあちゃんの原宿》はあっても《おじいちゃんの六本木》はないのであり、そうした余裕の違いからもつい老女のほうに関心が向く。男性の場合は、下手をすると精神的に歪んでしまうことが多い印象があり、そうした話は次章で行いたい。

独り暮らしの老女ということでは、わたしが医者になったばかりの頃のことが思い出される。当初、精神科医ではなく産婦人科医となったのだが、入局した第二産婦人科は飯田橋の旧《ふる》い分院にあった（今では取り壊されて、まったく無関係なビルが建っている）。関東大震災にも耐えたモダンな意匠の建築である。

で、奥に薄暗い個室があって、そこにはもう六、七年前から患者のNさんが入院していた。間接的に聞いた話では、医療事故で脳死状態となり病院が責任を負うべく生涯お預かりする、といった経緯があったらしい。家族が見舞いに来たのを目撃したことはない。Nさんは中年の肥満した女性で、ときおり表情を変えることはあるが目を閉じたまま延々とベッドに横たわっている。食事は鼻から胃まで達するチューブへ流動食を流し込むことで代用する。

Nさんは、自力では殆ど動けないが、排泄はする。呻《うめ》き声を上げることもある。そして横たわった身体の向きを頻繁に変えないと床擦《とこず》れ（褥瘡《じょくそう》）ができてしまう。植物状態なのだからといってたんに横たえておけば構わない、といった安直な話にはならない。

回診のときには一応教授も病室に入ってNさんへ声を掛けるが、まったくの無反応である。二週に一回、新人医局員が採血をして健康状態をチェックすることになっており、注射針を刺したときにはさすがのNさんも顔をしかめる。

大学病院だから完全看護が原則であるが、Nさんに限っては専門の付添婦がいた。患者の親族とか知人といったわけではなく、しかるべき紹介所を通して派遣された「プロ」の付添婦である。年齢は六十代後半といったところか。痩せていて無口で、陰気である。個室の窓のカーテンはいつも閉められていて昼夜の区別も判然としない。採血に行ったときも言葉を交わしたことがない。ナースにも、必要最小限以上の会話をした者はいなかったし、他人が馴れ馴れしく近付くのを拒むような超然とした雰囲気があった。床擦れができないように頻繁にNさんの姿勢を変えたり、全身状態をチェックしたり排泄の世話をしたり身体を拭いたり、そうしたことはまことにきちんと行ってくれた。そしてその付添婦さんは、ほぼ常にNさんへ付き添っていた。つまり朝も夜もほぼ二十四時間、それが毎日、ということである。

これは異常であろう。付添婦さんには帰る家がないのかと疑いたくなる程である。夜には折り畳み式の簡易ベッドへ横たわり、Nさんの傍《そば》で眠る。食事は、おおむね病院食を出してもらって食べるらしい。風呂なども病院の施設を利用していたようで、外食や買い物、娯楽や所用で病室から姿を消していることは滅多になかった。隅に置かれた椅子に座って、音量を絞ってラジオを聴いていたり、編み物をしていたり雑誌を読んでいたり、あとは付添婦としての仕事をしながら、昏睡状態の病人が横たわる病室で六年も七年も暮らし続ける。盆暮れにもいて、ただし年に数日だけ他の人に代わってもらって不在になることがあった。

あの付添婦さんは、自分の人生をどのように考えていたのだろう。老いについては、どんなことを思っていたのだろう。もしかすると、身体の自由が利かなくなるほど老いたときのために、今のうちに懸命に生活費を貯めておくつもりだったのかもしれない。さもなければ、実は現代における隠遁者だったのかもしれない。あるいは、家族との折り合いが悪く、まさに他人の病室にしか居場所のない人だったのかもしれない。いろいろな可能性が考えられるけれど、本当は他人と接するのが苦手な人で、あの仕事はまさに適材適所であったのかもしれない。変化のない日々に虚しさや退屈さを覚えるのではなく、むしろ世間の煩わしさから隔てられた時間のない世界に安堵感を覚えていたのかもしれない。

あの付添婦さんは、やはり六十代後半の女性であったからこそ、不思議な存在なりに説得力を備えていた。男性であったなら、もっと異様さが前面に迫《せ》り出してきたに違いない。

【幻の同居人】

ひっそりと独り暮らしをする老女に関しては、「幻の同居人」のことも忘れるわけにはいかない。幻の同居人 Phantom boarders というのは、医学用語である。米国の精神科医エドワード・L・ローワン Rowan による症例報告（一九八四）によってこの言葉は知られるようになった。ことさら精神を患っていたり認知症というわけではない独居の老女が、自宅の、普段は使わない空間――屋根裏、地下室、納屋など――に、見知らぬ何者かが勝手に住み着いて悪戯《いたずら》をしたり騒いだりすると訴える、どこかフォークロアめいたケースが「幻の同居人」妄想ということになる。

これの日本版に遭遇したときには、わたしはまさに驚愕したのだった。アパートに独り暮らしをしている老女が奇異な訴えをするというので、保健所に依頼され、認知症の可能性を念頭に往診をしたことがある。だが会ってみると、しっかりしている。愛想も良い。およそ脳が萎縮しているようには見えない。安心したわたしは炬燵でしばし彼女と雑談していた。するとしばらくして、その老女が最近困ったことがあると「ぼやく」のである。天井裏（彼女の家はアパートの一階であるが、二階の床とのあいだには高さ五〇センチ程度の真っ暗な空間が広がっている）に人が潜んでいて、自分がいない間に押入れの天井板を外して室内に侵入してくる。そうして悪さをしていくのだという。

困惑しながらどんな被害を受けるのかと尋ねると、金魚の色を変えたり古いアルバムから写真を剝がして持ち去ったり、畳んで重ねておいた洗濯物の順番を出鱈目に入れ替えたりする、だから困っていると大真面目に答えるのである。

彼女は精神病でも認知症でもない。が、ある程度は脳機能が衰えている。さらに孤独感や世の中に対する不安感や違和感といったものが、自分の物忘れや錯覚を説明するための装置として「天井裏に潜む誰か」といった存在を想像させるに至ったらしい。実際、こうしたケースをその後、わたしは少なからず見聞きした。そして天井裏に何者かが潜んでいたら普通は恐ろしがり気味悪がるのが相場なのに、困ると言いつつもどこか親しみを感じている気配すらあるところに関心を持った。強いて言うなら、老女たちは座敷《ざしき》童子《わらし》に似たものとして「幻の同居人」を捉えている印象がある。そして、よりにもよって天井裏の誰かといった形に妄想が結実しがちなところに、何か普遍的なイメージが関与しているのだろうと想像せずにはいられなかった。

天井裏に誰かが住み着いていると信じつつ、淡々と独り暮らしを送っている老女の姿には、無人島の砂浜に記された自分の足跡を誰か他人の足跡ではないかと訝《いぶか》っている漂流者の姿が重なってくる。

＊

老いを孤島になぞらえることは適切なのだろうか。いや、人間は誰もが孤島のような存在だと主張することもできよう。だがおじいさんとおばあさんの二人暮らしなどを見ると、あたかも融合してひとつの島であるように映りつつも、潮の干満によっていつの間にか二つの別々の島になっていたりするものである。その微妙な加減がなかなか興味深い。

いつしか片方の島は水没し、まさに絶海の孤島となってしまったとき、むしろ老女のほうが淡々としかし粘り強く生きていくようである。「ええなあ」とのんびりした口調で羨んでみたり、妄想に生きてみたり超然としたり、とにかく生き抜いていく。老女の独り暮らしというものには、わたしが漠然と思っている以上に精神の働きの多様性が示されているらしい。

第5章　中年と老年の境目

【入江の光景】

老いを迎えた日々について、妙に忘れ難いイメージに小説の中で出会ったことがある。井上靖の「蘆」という短篇（一九五六）で、短篇集『孤猿』（河出書房、一九五六）に収録されている。なお井上靖（一九〇七〜一九九一、北海道旭川市に生まれ、伊豆で育つ）は文化勲章も受けた重鎮で、作品には『風林火山』『天平の甍』『敦煌』『おろしや国酔夢譚』『西域物語』など何だかＮＨＫの大河ドラマめいた長篇がつい思い浮かんでしまうが、短篇に関しては実に多彩かつ巧みである。個人的には、もっと短篇作家としての側面が評価されるべきだと思っている。

さて「蘆」であるが、あまりストーリーらしきものはなく、子供時代の記憶の断片をいくつか配置して人の在りようの不思議さを綴った小品といったところであろうか。

語り手である「私」は五、六歳の頃に、伊豆下田附近の小さな漁村の浜で漁船の進水式を見たという。一緒にいたのは祖母で、漁村は彼女の郷里であった。

もともとこの女性は下田で芸者をしていたが、「私」の曽祖父の妾となり、曽祖父が亡くなった後に祖母といった形で「私」の家の籍に入った人であった。気が強く、また妾であったという立場への差別から、誰からもあまり快く思われていなかったけれど、幼かった「私」を可愛がって育ててくれた人でもあった。

当時、祖母は六十歳を超していて、郷里の浜で誰かを待っていたのだった。だが「私」には、祖母が誰を待っていたのかは分からない。


秋の九月か十月頃であったに違いない。砂浜に足を投げ出して坐っていても暑くも寒くもなかった。私たちの前には巾着型の小さい入江が拡がっており、その入江のまん中に十馬力程の発動機船が旗をいっぱいくっつけて浮かんでいた。私は後年同じような小さい漁船の進水式を海水浴に行った若狭の漁村で見たことがあるが、旗は白、赤、紫、桃色、黄の五色の縦縞で、艫《とも》と舳《へさき》に立てられた二本の竹にも、そしてまた竹と竹との間に張られた綱にもぎっしりとつけられてあった。私が祖母と見た発動機船の進水式の場合も同じようなものであったろうと思われる。

私はともかく祖母と二人で、やたらに旗で飾り立てられた小さい船を見ていた。

船には大勢の人が乗り込んでいたが、酒盛りでも終った後か、あるいは騒ぎ疲れて休憩でもしているのか、その満艦飾の発動機船は妙にひそやかな感じで入江のまん中にただぽっかりと浮かんでいた。

この鮮明かつ静謐《せいひつ》な光景が「私」にとって印象的であったのは、「明るく暢気《のんき》そうでいて、そのくせ妙に空虚なものを持ってい」たからである。

なるほどこれは祖母にとっての心象風景そのもののように感じられるし、ちっぽけな新造船のキッチュな晴れがましさと虚脱感との組み合わせ、さらには彼女が人を待つという行為とともに抱いていたであろう期待感とがすべて「ちぐはぐ」な組み合わせになっているからだろう。しかも巾着型の小さな入江はどこかシュールで秘密めいていて、まるで時間が停止しているかのように思えてくる。

私の記憶の中の祖母は、決して淋しそうでも、悲しそうでもない。ただ、説明できない空虚さを身に着けて浜に坐って海の方を向いている。老齢が人間を連れて行く場所は、淋しさでも、悲しさでもなく、それは満艦飾の発動機船がひっそりと浮かんでいる入江ででもあるといった風に、そんな顔付きで、いまも祖母は私の記憶の中に坐っている。

入江は船が出て行く所であると同時に、戻ってくる場所でもある。だがここでは完成したばかりのちっぽけな船がじっと浮かんでいるだけである。土俗的に飾り立てられた新造船は、つまり赤ん坊と同じ存在だろう。それを視野に収めている祖母は、波乱のあった人生を乗り越え、やがて死を迎えることになる。一種の輪廻に近い宗教的なものがこの光景によって絵解きされているようにも思えるし、もはや（象徴的な意味で）広い海を目指して出て行くことのない祖母の立場が、むしろ放心に近いものとして伝わってくるようにも感じられる。

前章でわたしは老いを孤島になぞらえてみたが、この入江の光景のような捉え方もあるのだなあと、しみじみとした気持ちにさせられたのであった。

【月を見る】

満艦飾の発動機船がひっそりと浮かんでいる入江に行き着く前に、人は中年と老年の境目を通り越さねばなるまい。それはどんな形で自覚されるのだろうか。

記憶力の低下だとか体力の衰えを実感する瞬間や、説教や回顧談が多くなるといった事実、皮膚のたるみや皺の出現、あるいは夜中にトイレに起きる機会が多くなったり陰毛に白髪を発見したり、そういったエピソードを重ねていくうちに、徐々に老いを実感していくのだろうか。男女でニュアンスに差は結構ありそうだが、女性の場合についてはいまひとつわたしには分からない。あえて男性のケースに絞り、井上靖の短篇をもうひとつ取り上げてみたい。

「大洗の月」(一九五三)という作品で、短篇集『姨捨』(新潮社、一九五六)に収録されている。

主人公の佐川は、もう何年も前に四十歳を過ぎた事業家である(作品中に明言はされていないが、おそらく独身)。終戦後に始めた自動車部品の下請け工場が上手くいき、仕事は右肩上がりにある。だが彼は、自分の仕事があっけなく崩壊していく可能性も見越していた。強気に事業を進めてはいるものの、亡びの予感もまた常に胸の奥に持ち続けていたのである。

そんな佐川が、取引先の田島という男から、今夜は十五夜の満月だがどこへ月見に行くつもりかと尋ねられた。すると彼は不意に大洗海岸へ月見に行こうと思い立つ。佐川は大洗へ行ったことなどなく、田島が自分も行ったことはないが眺めが良いらしいと洩らしたことだけが、大洗を選択した理由であった。

田島から月見にどこかへ行くかと言われた時、全く忘れていたことでも思い出したように、殆どなんの考慮もなく月を見てみようという気になったのは、やはり、自分が疲れていたためであろうと思う。一人でどこかで月を見ようというような了見は、他人はいざ知らず、自分のような体が幾つあっても足りない仕事をしている人間の場合は、たいしてほめたこととは言えない。

しかし、人間というものは、好むと好まないとに拘らず、ある年齢になるとこんな気持を起すことがあって、そんな時波が岸を洗うように、老いが確実に一歩踏み込んで来るのかも知れない。自分もあの時、ふと心に滲み出して来た年齢相応の年寄じみた心情のために、額の皺の数を一本増やしたというのであろうか。

なるほど、月見に遠出をしてみようといった気まぐれは、「老いが確実に一歩踏み込んで来る」証左と見なすこともできるかもしれない。ただしその気まぐれさには、何らかの鬱屈や衰弱に類する裏打ちが前提とならなければなるまい。

佐川は、昨日あたりから自分が、そうした心の衰えを持っていることを、改めて思ってみた。田島の言葉がきっかけとなって、どこかへ月見に出掛けようという気持が自分に働いたのも、確かに、自分の心の中に頭を擡《もた》げているこの亡びの予感のようなものが関係しているに違いなかった。

大洗という名前から想像される荒涼とした磯で、今年の仲秋の名月を見るのも悪くないじゃあないか。——そんな風に、佐川の観月の気持には中年男の得体の知れぬ絶望感から来る感傷とデカダンスが多分に関係しているもののようであった。

このあと佐川は実際に大洗のホテルに泊まり、そこでふとした偶然からある高名な日本画家の贋作を作っている疑いのある老人と、屈託を抱えたまま一緒に満月を眺めるといった展開となる。いずれにせよ、この短篇では「亡びの予感」といったものが、老いへのステップとして書き記されているのであった。

ではわたし自身の場合はどうだろう（癌とか認知症への心配はここでは問わない）。精神科医としては、体力的に当直が辛くなってシフトから外してもらった程度で、正直あまり老いは感じていない。むしろ患者サイドからの「若く生意気な医師への不信感と警戒感」が薄らいできて、事態は好ましいくらいである（だが外科系だとかなり老いを痛感する機会はありそうな気がする)。問題は、物書きとしての自分である。いったい自分の書いたものは内容が向上してきているのか。それとも質は衰え、締まりに欠ける退屈な文章へと堕しつつあるのか。あるいは書くに足ることを何も思い付けず、限界を悟る日が来るのか。そのあたりでは不安感というか亡びの予感は常に重苦しくのし掛かっている。

レストランではボーイと、服屋だったら店員と結構気安く無駄口や雑談を交わせるようになったのは五十歳を過ぎてからで、当初は自分なりに世慣れてきたというか気負った自意識が失せてきたのだろうと嬉しく思っていた。けれども、むしろ気力の衰えや屈折した感傷がその背後にあることに気付き、これも老いの徴候だろうと考えるようになった。小学生以来ご無沙汰していた切手蒐集にまた関心が向いたり、コレクションの対象としてではなく単に懐かしさから子供の頃や学生時代に読んだ本をもう一度手にとって読み返してみたくなったり、昔の人気テレビドラマ『ルート66』のＤＶＤボックスセットを購入してみたり、やはり好奇心もどこか気弱で切ないトーンを帯びつつある。

【人生のエアポケット】

井上靖が「大洗の月」を書いたのは、主人公である佐川に近い四十六歳の時であった。二年前に、長く勤務していた毎日新聞社を辞め、井上は筆一本で生きていく決断を下していた。まだ老いを予感するには早い年齢だろう。芥川賞も取り、自信に溢れていた筈である。しかしそれなりに安定していた会社勤めから離れ、以後の人生を文学に費やそうと決めるためには、人生の来し方行く末に深く思いを巡らさねばならなかったに違いない。自分の決断が本当に正しいものだったのか、気持のぐらつくこともあったのではないか。

老いを自覚するということは、ひとつには今までの人生を振り返るといった作業が含まれているだろう。たんにノスタルジーに浸るといったことではない。むしろ、自分が通過してきた人生の岐路や、運命を左右した出来事、人の世の不思議さや呆気なさ、遠謀深慮の虚しさや人間としての無力感——そのようなことに対して感慨と虚無とを覚え苦笑を浮かべるといったことであろう。微妙な酩酊感とともに、ある種の諦観や居直りも混ざり、漠然とした不安感も打ち消しがたく、現実がいくぶんリアリティーを失う。

ローベルト・ムージル（一八八〇〜一九四二。オーストリアの作家。神秘的な感性に貫かれた冷え冷えとした世界を構築する。未完の大長編『特性のない男』で知られる）の短篇に

「グリージャ」という奇譚めいた作品があり（一九二一、岩波文庫の川村二郎訳『三人の女・黒つぐみ』などで読める）、その冒頭にこんな文章が置かれている。

人生には、奇妙に歩調をゆるめて、前進をためらっているのではないか、それとも方向を転じようとしているのではないか、と思われるような一時期がある。このような時期にひとは不幸におちいりがちなものらしい。（川村二郎・訳）

実はこの文章は、学生時代に出会って以来数十年のあいだ、いつもわたしの頭の片隅に潜み続けてきた。あえて言ってしまうなら、頼みもしないのにいきなり裾を引っ張られて立ち止まらされ、得体の知れぬ占い師からそっと告げられた言葉のように、いくばくかの恐怖をも伴ってわたしにまつわってきた文章なのである。直感的に、このムージルの文章には真実の宿っている感触があり、しかしだからといって自分に直接役に立つものでもなく、気味の悪い予言として反芻を繰り返さざるを得なかった文句なのであった。

「大洗の月」を読むと、登場人物の佐川は、人生のエアポケットとでも呼ぶべき状態に迷い込んでしまったかのように思える。いきなり仕事から離れて大洗へと独りで赴き、遂には贋作の製作を生業としているらしき老人と名月の下で杯を交わす。それは風雅とか洗練というよりも、静謐さを装った自暴自棄にすら映る。少なくとも第三者にはまったく説得力を欠いた不可思議な時間の流れに佐川は捉えられる。たった一晩でしかなかったものの、このエアポケットで過ごした時間こそは、佐川へ、今までとは不連続な人生の感触をもたらし、おそらくそれは老いの始まりとどこかで関わっているのではないか。

そしてそのような不連続さは、ムージルが語るところの「このような時期にひとは不幸におちいりがちなものらしい」という一節に深いところでつながっているように思えてならないのである。

【魔が差す、ということ】

世間では、「魔が差す」といった言い回しがしばしば使われる。「大洗の月」の主人公も、つまり魔が差して、柄にも合わぬ観月へはるばる出向いたということになるのだろう。もちろんそれを人生のエアポケットに迷い込んだと言い換えても、あるいは「奇妙に歩調をゆるめて、前進をためらっているのではないか、それとも方向を転じようとしているのではないか、と思われるような「一時期」にこそ立ち現れるエピソードであったのだと言い直しても構うまい。

精神科の臨床医としての率直な感想として、ことに男性の場合、六十歳前後はどうも奇妙なことが起こりがちである。それは通常の意味で精神疾患を病みがちだといった話ではない。あるいは「老い」が急速に前景化するといった話でもない。その前兆として、まだ六十を迎える前に、ときに「大洗の月」みたいなどこか不思議なことが散発的に生じるのではないか。そんな気がしてならない。

定年退職の数日前に、不正乗車が発覚した男性W氏がいた。数年にわたり「キセル」乗車を続けてきており、悪質と判断されても仕方のないものであった。駅の改札で発覚した際、W氏はどのように振る舞ったか。いきなり駅員を殴り、鞄もコートもその場に放り出し、全速力で走り去ったのである。朝のことであった。やがてタクシーで会社に着いたW氏の身元は、放り出してきた鞄を調べることによって既に判明していた。会社から、社員たちの見ている前で彼は警察に連行され、しかしそのときにも彼は怒声を上げ暴れたのだった。もちろん社員たちは、あまりにも普段のW氏と違う様子に顔を見合わせた。

中年以降比較的早期に発症する特殊な認知症でピック病というものがあり、これは万引きとかセクハラとか喧嘩とか、反社会的な行動がまず出現するために大きな問題となる。やがて脳はどんどん萎縮していき死に至るも、一般的なイメージとしての認知症とはまるで異なるところが特徴となっている。

当然のことながら、W氏もピック病の可能性を疑われたが、検査の結果、結局それではなかった。不正乗車にまつわる突飛な行動以外はことさら異常もなく、何らかの精神疾患であるとも断定できなかった。あえて言うなら、定年退職を目前に自暴自棄となったのだという説明が成り立つかもしれないが、それにしてもあまりにも唐突だし、事件以外ではまとも過ぎるくらいにまともなのである。不眠や焦燥感や「うつ」などの訴えもない。ただし事件の数ヵ月前に、一日だけ無断欠勤をしており、しかしその日の朝にはいつものように家を出ているのでどこか会社以外の場所に行っていた筈なのだが、一切そのことについては語ろうとしなかったそうである。

W氏が、「ああ、オレはどうかしていた！　魔が差したとしか思えない……」と我に返って頭を抱えてくれれば、周囲も納得がいくのであった。だが最後までW氏は不正乗車の件についてはまったく他人事で、ＪＲや警察は権威主義的だと文句を言うばかりであった。その後、周囲の配慮で事件は穏便に済まされ、退職金も満額が支給され、あとは関連会社で統計処理を不定期に手伝ったり、ボランティアをしながら、いささか気難しい人柄なりに大過なく余生を送っている。わたしの知る限り、認知症にもなっていない。

B氏は自営であったので定年はないが、六十二歳のときに突如、妻が浮気をしていると言い出した。相手は、自宅の近所にある喫茶店のマスターだという。マスターはおよそ五十歳くらいで髪は真っ白、痩せてお洒落《しゃれ》な人物であった。いかにも喫茶店の経営者らしい人当たりの良さが持ち味で、また趣味で油絵を描いていた。離婚歴があって、現在は独り暮らしである。B氏によれば、妻はマスターに絵のモデルになるよう迫られ、それがきっかけで浮気に走るようになったという。まるで見てきたようなことを言い、「オレには全部分かっているんだ」が決まり文句であった。

妻の浮気、という妄想にB氏は取り憑かれてしまい、振る舞いが「えげつない」というか生々しくなった。たとえば毎日、妻の下穿きをチェックする。洗濯機に放り込んであるものをわざわざ取り出して、仔細にチェックするのである。仕事場から自宅に電話を入れ、ちゃんと妻が家にいるのかを確かめる。買い物で不在だったりすると、帰宅するまで何度も電話を入れ、あとでレシートを出させてそこに刻印された時刻や買い物の内容から浮気でないことを確認する。ときには妻の身体を「確認」することもあったという。

その妻が歳の極端に離れた若くて美人というのならともかく、五十代後半の、まあごく普通の主婦でしかない。なぜB氏が妻に対してそんな妄想に走ったのか、いまひとつ経緯が判然としないのである。

B氏は妻に対してはきわめて支配的な態度を示すが、では喫茶店に出掛けてマスターに苦情を言ったり胸ぐらを摑《つか》むようなことをするかと言えばそれは一切しない。ただし、保健所へ「あそこの喫茶店は不衛生だから調べてくれ」などと匿名の電話を入れたり、なぜか喫茶店の定休日を選んで出掛けて行って店のドアをカメラに収めてきたりはしていた。

関西で家庭を築いている長男に妻は相談をし、その挙げ句、B氏夫妻は別居となった。妻は長男宅に身を寄せた。B氏はそのまま家に居座り、仕事も黙々と続けている。妻がいなくなったので、それこそ自分が浮気をしようと思えば存分にできるのだが、どこにも出向かず独りで晩酌をすることで満足しているらしかった。妻に対して今はどのような感情を抱いているのかは、誰にも分からない。

このようにW氏やB氏のような、突飛なようで、いやに下世話なトーンもあり、なまじ人間性の深淵に迫るような奥行きを感じさせないぶんかえって「うんざり」した気分にさせられる事件が六十前後にはどうも起きがちに思えるのである。おまけに、さきほども書いたように彼らは我に返ったり頭を抱えたりしない。だから魔が差したということとは異なる。反省もしなければ恥ずかしがりもせず、妙に平然としている。それは精神病や認知症の文脈からは説明がつかず、むしろ長年積もってきた鬱屈がなりふり構わぬみっともなさで飛び出してきたような印象を与える。そうした意味では了解可能であるものの、人間全体として暴発してしまうのではなく、妙に限定した形で噴き出すあたりに屈託の不気味さが透けてくるのである。

六十歳が、心身の衰えや人生の区切りといった点でとくに男性にプレッシャーを与える時期と捉えることはできよう。また、魔が差すようなことが起きがちなときでもあるらしい。しかしそれに留まらず、W氏やB氏のように（おそらく）本来の人生を踏み外したまま存外に平然として日々を送るといったパターンが、決して少なくないような気がしてならないのである。

【どこかがおかしい】

平成二十年七月五日付の朝日新聞朝刊の地方欄（東京版）には、《タクシー車内から女児に卑猥《ひわい》な言葉》という見出しの記事が載っている（原文では実名報道）。

タクシー車内から小学生の女児2人に卑猥な言葉を浴びせたとして、警視庁は4日までに、目黒区中町、タクシー運転手T容疑者（61）を都迷惑防止条例違反（粗暴行為）容疑で逮捕した。「言ったことは事実だが、犯罪になるとは思わなかった」と供述しているという。目黒署の調べでは、T容疑者は2日午後1時半ごろ、目黒区立小学校の校門前路上にタクシーを止め、下校中の高学年の女児2人が路上に落ちていた成人向け雑誌を見て「いやらしい」などと声を上げた際、「今度もっとすごいのを見せてあげる」「お金をあげるから写真撮らせて」などと言った疑い。

女児2人は怖くなって学校に駆け戻り、教諭が110番通報。駆けつけた署員が現場にいたT容疑者を任意同行し事情を聴いたところ、発言を認めたという。雑誌は偶然落ちていたとみられる。

警視庁によると、同条例は、公共の場所で人に不安を感じさせるような卑猥な言動を禁じており、言葉だけについて逮捕するのは異例という。


これは「冗談の度が過ぎた」といったレベルの話なのだろうか。大人げない、と笑って済まされることなのか。あるいは、普段から性的嗜好に問題を抱えた人物が運悪く今回に限って通報されてしまっただけなのか。

おそらくT氏はちっとも事態を重大には考えておらず、せいぜい女児を「からかった」だけのつもりだったのだろう。にもかかわらず、彼女たちは恐怖を覚えた。まずいことをしているのを意識していたなら、彼はその場をそそくさと立ち去っていたに違いない。まったく状況を読めていないままとんでもないことをしでかしてしまい、なおかつ慌てることもなければ非を認める気もないあたりが、どこか尊大かつ現実離れをしてはいないか。六十一歳、しかもタクシー運転手というのはそれなりに世慣れている証拠ではないかと思われるのに、どこかがおかしい。

逮捕され実名で報道されてしまうという事実は、記事に述べられている以上にT氏がかなり逸脱した印象を周囲に与えたということではないのだろうか。

同じく平成二十年七月九日付スポーツニッポン紙には、《2歳女児の顔／59歳男なめる》という見出しの記事がある（これも実名報道）。

宮崎北署は8日、スーパーマーケットで女児（2）の顔をなめたとして、暴行の現行犯で宮崎市大島町の無職U容疑者（59）を逮捕した。
「かわいかったのでやった」と認めているという。

同署によると、U容疑者は同日午後2時半ごろ、宮崎市のスーパーに母親（45）と買い物に来ていた女児の顔をなめた疑い。母親が買い物に気を取られているすきに女児を引き寄せ、数分間にわたりなめたらしい。気付いた母親が大声をあげたが、なめるのをやめず、駆けつけた男性店員が女児からU容疑者を引き離した。

これも一見冗談のようでいて、妙に執拗なところなどが一線を越えた感触を与える。むしろ焼けっぱちにも似た愚行とも映る。ふざけていたとは、到底思われない。母親が大声を上げても止めないあたりに、自虐的な暴力性すら感じてしまう。

平成十七年十二月二十八日付毎日新聞朝刊には、《ボウリング延々9時間》という記事が報じられている（実名報道）。

ボウリング場で約9時間にわたって投げ続けたのに料金を払わなかったとして、埼玉県狭山署は27日、狭山市東三ツ木、無職、N容疑者（60）を詐欺容疑で現行犯逮捕した。

調べでは、N容疑者は同市新狭山の「新狭山グランドボウル」で、26日午前11時40分ごろから約9時間、1人で48ゲームをしながら、料金2万４５４０円を支払わなかった疑い。同じレーンで投げ続けたため、得点を集計する機械が49ゲーム目からカウント不能になり、不審に思った店員が110番した。N容疑者は、駆けつけた警察官に「料金を払う気はない」などと言い、支払いを拒んだため逮捕された。「やりたいからやっただけだ」などと供述しているという。所持金は数千円だった。

同店によると、スコアは平均133で、最高187。48ゲーム目までスペアやストライクを出していたといい、従業員は「ボウリングが好きなんでしょうが……」とあきれていた。

これも相当に突飛だし、当人の居直りぶりも奇怪である。躁うつ病や薬剤の副作用による躁状態の可能性も考えられるが、それが否定されたとしたら理解が及ばない。どこかがおかしい。そして六十歳という年齢が、異常さを強調する。

次の事件はやや年齢が若く（五十五歳）、むしろ「魔が差した」の範疇と見るべき事件なのかもしれない。読売新聞の平成十五年三月十七日付夕刊に載っていた。見出しは《死亡後、患者宅で解剖》となっている（この記事は匿名報道）。

名古屋市南区の医療法人理事長を務める男性医師（55）が、今月六日に死亡した女性患者（99）の病理解剖を、保健所長の許可を得ずに女性の自宅で行っていたことがわかり、医療法人は十七日付で医師の理事長職を解任した。市南保健所は十八日にも、医療法人を立ち入り検査し、医師を死体解剖保存法違反で愛知県警南署に告発する。医師は保健所に「早く死因を知りたかった」「家族の要望もあった」などと説明している。

保健所などによると、医師は一九九六年ごろから女性の診察を担当しており、今月六日午後十時ごろ、女性の家族から「呼吸が止まっている」と連絡を受け、女性宅で死亡を確認した。死因を調べるため、医師は女性の娘ら三人の承諾を得ただけで、その場で解剖し、看護師ら五人が立ち会った。死因は多臓器不全だったという。

死体解剖保存法では、解剖は専門の解剖室で行うと定め、解剖室以外で行う場合、保健所長の許可が必要としている。

やはり腑に落ちない事件である。常識的には、この医師が何らかの医療ミスを隠蔽するために、あわただしく解剖を行って証拠隠滅を図ったのではないかという推測が成り立つだろう。だが患者は九十九歳である。手術をして体内に器具を残していたままであったのでそれを誤魔化すためとか、そういった目的は見出しにくい。早く死因を知りたかったといっても、この年齢ならば老衰でもおかしくない。いったい何を焦っていたのか。

しかも解剖の道具を医師は持参していたのであろう。まさか包丁を借りて解剖を行ったのではあるまい。そのこと自体が不自然である。また解剖によって血液や体液が溢れ、取り外した臓器を入れる容器も必要となる。おそらく浴室で行ったのだろうが、凄惨な光景となったに違いない。臭気も伴ったであろう。バラバラ事件の現場と大差のない様相を呈した筈である。

ベテランであったろうに、それこそ何を「血迷って」しまったのか。慌てる理由がまったく分からない。しかしわたしは医師の年齢が五十五歳であったことにリアリティーを感ずる。経験を積み、分別を弁《わきま》え、そろそろ自己の心身の衰えを自覚し――そんな人物だからこそ、魔が差したと思わずにはいられないのである。

【人生の総決算】

六十歳あたりで突如として警察に捕まるようなことをしでかしたり、妄想に囚われたりしたとなると、ある意味ではそれが差し当たっての人生の総決算といった性格を帯びているのではないかと考えたくなる。だがそれにしては、たとえ象徴的なものであろうと、あまりにも下らなかったり安っぽくてそこが情けなくなってしまう。人生、そんなもんだよと言われれば首肯せざるを得ないにせよ、天を仰ぎたくなってしまう。

歳を重ねていくうちに、ヒトは体力も知力も衰えていく。少なくとも瞬発力は失われていくだろう。しかしそれを補うかのように、経験に根差した判断力や理解力は豊かになり、酸《す》いも甘いも噛み分けた人格者となっていくものであると思いたい。

にもかかわらず、老いの訪れを待っていたかのようにして愚かな言動に走りがちなことが少なくないのはどうしたわけか。

もともとの性格だとか生き方が、老いを迎えるに当たって問い直されるのだといった言説は、もっともなようでいて疑問符を付けたくなる。暴走老人という言葉が流行り、それは老人にあるまじき暴力的で非常識で自己中心的で、つまり頑固老人とか我儘《わがまま》老人とはニュアンスを異にし、むしろ幼稚なチンピラのような暴発性を秘めた迷惑老人なのであった。彼らの多くは老人であることによって敬意を払われることなどなく、精神的に孤立し、世の中に居場所を見出せず、不本意な毎日を送っている人たちだったようである。

それなりに「まっとうな」人生を送ってきても、六十歳が「人生には、奇妙に歩調をゆるめて、前進をためらっているのではないか、それとも方向を転じようとしているのではないか、と思われるような一時期がある。このような時期にひとは不幸におちいりがちなものらしい」といった一節に重なるとしたら、むしろ偶然としか言いようのない要素の関与のほうが当人への影響力は大きいのではないか。老年を迎えるという事実は、あらためて運命のサイコロを振る行為を強いられるということではないのか。

尾崎一雄（一八九九～一九八三、三重県出身。志賀直哉直系の私小説作家。文化勲章受章）に『閑な老人』という短篇集があり（中央公論社、一九七二）、私小説というよりも身辺雑記に近い。エッセイでなくて小説と銘打つ根拠はどこにあるのだろうかと疑問を呈したくなるような本なのである。で、表題作はまさに草木や虫の観察みたいなことばかりが延々と綴られている。そして、

もともと活力に乏しかった私にとって、あらゆる人間関係は、病気による体力、気力の衰えから益々重荷となった。そういうものから極力逃げる――これは狡《ずる》くて卑怯なのかも知れぬが、そうでなければ私はつぶれて了《しま》うのだ。厭世だとか厭人だとかと改まったものではなく、気疲れがひどいというだけのことだ。

人間より犬猫の方が扱い良く、小鳥はさらに良い。木や草となると感情面の交流

が無いので一層良い。家族の意向を全く無視するわけにもいかぬので、犬猫を飼った時期もあるが、最後の犬が死ぬと共に、もう生物は飼わぬことにした。小鳥類は、向うから勝手に来る奴を無責任に眺めて居れば良い。

と書く（原文は旧字旧仮名）。また最後の部分は、

自分が、木や草や虫などに心惹かれるのは、彼らが、生命現象を単純明快に示してくれるかららしい、などと考える。

どうやら雨があがったようなので、これから脚立を持ち出し、ツゲの虫を見るつもりだ。

という文章で終わっている。読者であるわたしの個人的な感想は、「いい気なもんだなあ」であった。尾崎の気持ちは十分過ぎるほどに分かる。当方だって人間関係が面倒なあまりに子供を儲けなかったし、友人だって驚くほど少ない。携帯電話は持ち歩かない（番号メモリーも、妻の携帯と当方の勤務先の二つしか登録していない）。仕事と散歩以外は引きこもった生活だし、小鳥よりは鉱物の結晶のほうがもっと心が慰められる。

もっとも猫だけは例外だが。

しかし尾崎の「閑な老人」としての過ごし方は、家人や多くの人たちに支えてもらってこそ成り立っている。作家としての彼なりの才能や努力が、幸運にも認められたからこそ成り立っている生活である。木や草や虫のほうが良いのなら、そもそもどうして今さらこんな小説を発表しなければならないのか。

この本を古本屋で購入したとき、黄色く褪せた新聞の書評が、切り抜かれて挟み込んであった。どこの新聞だかは分からない。一応は著名な作家だから書評に取り上げないわけにはいかず、しかしどう評して良いのか困った形跡が窺える。だから書評の表題も《味わい深い身辺観察》と無難なものになっているし、最後の三行は「いわば代表作『まぼろしの記』にまっすぐ通じる世界、手すきの上質の和紙のような作品集である」と結ばれている。

上質の手漉き和紙を彷彿とさせるような老後は、才能や努力や人柄といった要素のみで保証されるのではあるまい。老年を迎えるに当たって気付かぬうちに振らされたサイコロの目が吉と出たことに尾崎は感謝すべきではなかったか、とわたしは思わずにはいられない。

老いに対する抵抗感の理由には、身体能力の衰えや他人に手助けを受けねばならなくなるといった状況、自分の意思を通しづらくなる――つまり弱者へ追い込まれることへの不安等の他に、いささか極端な言い方をするなら「変身への恐怖」といったものがあるのではないか。それはミイラを見たときの戦慄とどこか通じるものかもしれないし、また自分自身の精神をコントロールできなくなる恐ろしさにも重なるだろう。認知症への恐れも、突飛で馬鹿げた事件を起こしてしまう老人への複雑な気分も、なかなか身につまされるものがある。

＊

この原稿を書いている現在、わたしの個人的状況はさきほどから何度も繰り返しているムージルの言葉にかなり正確に該当しているので、何だか不安で仕方がない。もしも今夜が十五夜であったら、いきなり大洗海岸あたりへ出掛けてしまうかもしれない。

第6章　老いと鬱屈

【釘を買う】

小学生の頃、近所の商店街の端っこに《折井工具店》という店舗があった。大工道具や工具の類、刃物関係、園芸用品や塗料などが売られていた。店自体が手作りのような印象で、狭くて中は暗かった。縦長でものすごく奥行きの浅いショー・ウインドーが道に面して設《しつら》えられていて、その中にはスコップが一本だけ吊されていた。木製の柄が鮮やかな赤に塗られていて、金属部分は金色に輝き、スコップはまるで額縁に収められた美術品のように見えた。

折井工具店では当然のことながら釘も売られていた。樽が立てた状態で幾つも床に並べられ、鏡板を抜かれたそれらの樽に、サイズの異なる釘がみっしりと詰まっていた。暗い店内で釘はぴかぴかと光っていた。

わたしが「本物の」樽を見たのはこの折井工具店が最初だったのである。それまで樽は『宝島』や『ロビンソン・クルーソー』や海賊の出てくる物語の挿絵でしか知らなかったので、樽の実物が店内に置かれていることにわたしは興奮した。この店に揃えられた工具を使って筏《いかだ》を組み立て、飲料水は樽に入れて海へ乗り出すといったことを想像してみずにはいられなかった。

そんな次第で小学生のわたしはしばしば用もないのに折井工具店に出入りしていた。樽に見入ったり、そっと鋸《のこぎり》の歯に触ってみたりした。チェックのシャツを着た主人も、気が向くとケースからナイフを取り出して見せてくれたりした。

ある日、痩せた老人が店に入ってきた。安っぽいジャンパーにハンチング帽で、今にして思えば競輪場や競艇場あたりをうろついているのが似合いそうな、ちょっと胡散臭げな雰囲気であった。彼はポケットから煙草のピースの空き箱を取り出した。そして長さ三センチくらいの釘を「この箱いっぱい」に詰め込んでくれと言った。頷いた主人は、早速、銀色の釘を樽から何本かずつ摘《つま》み出してはピースの空き箱に押し込み、最後に重さを量って料金を告げた（つまり釘は本数単位ではなく重量単位で売られていたのである）。

釘の詰まった小箱を受け取った老人は、それを掌《てのひら》の上に載せたまま、

「おお、ずっしりしているのう」

と、妙に嬉しげな顔で言い、じっと観察していたわたしに気付くと、「ほれ持ってみてごらん」と、わたしの掌にもその箱を載せてくれたのだった。

なるほど、ちっぽけなサイズに不相応な確かな重みをわたしは実感した。ただそれだけのエピソードでしかないのだが、ピースの空き箱を出して釘を買うといった彼のやり方（それはひどく世慣れた行為に映った）、当方の好奇心を見抜いて釘の詰まった箱の重さを確かめさせてくれたこと、さらには「おお、ずっしりしているのう」と呟きつついかにも嬉しそうな表情を浮かべたことが、大げさに表現するならある種の「生きる喜び」の断片としてわたしには記憶されているのである。

老人は気難しい顔をしているものだといった思い込みがあったせいで、彼の笑顔や態度はなおさら強く印象に残った。胡散臭げなところも、むしろ退屈な常識に縛られない自由さを感じさせた。もちろん彼だって胸の内には屈託をいろいろと抱えていたに違いなかろうが。

ところで、大工仕事のために釘を買いに来たのだろうと小学生のわたしは信じていたけれど、本当はまったく意味なんかなくて、あの老人は理由もないままたんにピースの空き箱を釘でいっぱいにしてみたかっただけなのかもしれない。そしてそういった気まぐれなことをしてもおかしくなさそうな年寄りが、老人デイサービスなどで出会う人たちの中にも何名か思い当たる。

認知症とまではいかないが、年齢に伴う脳機能の脆弱化と身体の不調とが重なると、一時的に精神病類似の病状を呈し、妄想や興奮で周囲を慌てさせる人たちでもある。

少量の薬で案外と簡単に改善し、しかし以後はどことなくネジが緩んだようなところが見え隠れする。調子を崩すと都営アパートのエレベーターの中で放尿をしてしまったりするが、普段は機嫌良く自転車に跨《また》がって遠くの寺の縁日まで出掛けたりする。近隣が好意的だったりすると、高齢男性の独り暮らしであっても結構どうにかやっていける。

こういった人は、しばしば奇妙なことをするのである。ガラクタ市《いち》の露店で一抱えもある汚らしい将棋の駒（王将）の置物を買って、それを自転車の荷台に括りつけて得意げに帰って来たり。ボロ市とか骨董屋で、いったいこんなものを誰が買うんだろうと訝《いぶか》っていると、意外にもそういった老人が買っていったりする。

そのような年寄りを見てどう感じるか。惨めさとか哀れさを見出す人がいるかもしれない。あの老人は、鬱屈すら覚えていないじゃないかと顔をしかめる若者がいるかもしれない。あんなふうにはなりたくない、と。

だがわたし個人としては、ああいった老人になるのも悪くないなと思っている。というよりも、きっとそうなりそうな予感すらしている。
そうした人たちも、この世界を形作っていくには必要なのだと思う。ことさら根拠はないものの、そうした人たちのいない社会はきっと身も蓋もない息苦しいものでしかない。

【そんなもんじゃないだろ】

木山捷平《しょうへい》（一九〇四～一九六八、岡山県出身）の短篇小説に、死の前年に発表された「釘」という作品がある。木山はもともと詩人として出発しており、第二詩集『メクラとチンバ』（天平書院、一九三一）で認められる。やがて小説に進出し、太宰治と同人誌『海豹』を刊行したりもしていたが、太平洋戦争では満州で散々に苦労し、帰国後は一見ユーモラスだが深い屈託を内包した作品を次々と発表した。と、そういった経歴の作家である。
で、「釘」であるが、作者とおぼしき主人公・正介の家で屋根瓦の葺き替えが行われる場面から話は始まる。古い自宅の屋根は雨漏りがして困っていたのである。職人が屋根に登って瓦を取り換え、一日掛かりで無事に葺き替えは終わった。

職人が帰ったあとには、大量のゴミが残された。古い瓦は彼らがトラックで運び去ったものの、屋根には瓦が滑り落ちないように細木が打ちつけられている。それも取り換えたので、沢山の木屑が生じたのであった。

正介の妻は、それらのゴミを玄関先で焚火にして燃やした。数日後、焚火のあとの灰に牛乳配達のオート三輪がタイヤ痕を残し、そこへ焼け焦げた二寸釘が何本も露呈していることを正介は発見した。細木を燃やした時に、それを固定していた古釘が燃え残ったのであった。彼は磁石を家から持ち出し、それで吸いつけて古釘を拾った。

実は十年前、まだ正介が五十歳の頃に、「彼は焚火に熱中したことがあった」。書きつぶした原稿用紙を庭で焼却したことを契機に、野ざらしになっていた古い脚立や梯子などを燃やしていった。いわば大掃除のような気持ちで、彼は次々に不要なものを燃やし、自宅に燃やすものがなくなると、今度は近所の八百屋へ行って蜜柑箱や林檎箱（昭和三十年前後だから、そうした箱はすべて木で作られていた）をもらって燃やした。当時の正介にとって、とにかく不要なものを強迫的に燃やすことに熱中していた時期があったのだった。

蜜柑箱や林檎箱を燃やすと、当然のことながら灰に釘が残る。灰は植木の肥料にしていたが釘が混ざっていると具合が悪い。そこで玩具屋へ行って長さが六、七センチもある磁石を購入して釘を吸い寄せた。そのときの磁石を、十年ぶりに家の奥から探し出して正介はまたしても釘を灰の中から釣り上げることに情熱を傾けた。初日には三十本くらいの釘を磁石は集めた。しかし翌日になると、灰にまた新しいタイヤ痕が印され、するとまたしても古釘が浮き出ている。彼は釘釣りに夢中になり始めた。

そんな他愛もない出来事があってしばらくしてから、正介は友人の画家が胃癌で亡くなったことを知らされる。正介が満州にいた頃の顔見知りで、名を酒匂《さかわ》という。享年五十一。生を終えるにはまだ早い。火葬場で遺体の顔を見ると、年齢には不似合いの大仰なヒゲを生やしていた。「……小柄で色白の顔の中に、そのヒゲはなるほど立派なものだった。今はどうか知らないが昔の少女歌劇など見ていると、スカートの中にバネ仕掛でもしかけてあるような、ふわっとしたスカートをはいて出ている劇中少女がいたが、丁度あれのような抒情的でふんわりヒゲであった」

最後の対面を終えると棺《ひつぎ》の蓋が閉められる。

棺がしまって釘打がはじまった。未亡人、長男、次男、長女とつづいて列席者にも石がまわった。石は鶏卵大で表がつるつるしていた。すでに何百人か何千人の手を経た石は、人間の手垢《てあか》がしみてひんやりした感じだった。

コツ、コツ、コツ、
と正介は三回たたいた。自分の叩いた音がせまいコンクリートの室に反響して、何だか正介は自分で自分の頭を叩いているような感じがした。

火葬が行われている間、彼は待合茶屋で独りでビールを飲んで時間を潰した。ビールを飲んでいると、自分で自分の頭を叩いていたような感じが薄らいでくる気がした。

「ガラス戸の外に火葬場の煙突が見えた。雨はやんで風が出たらしく、くろい煙が南と思われる方角になびいていた。酒匂がいま焼かれているのだと思っても、正介はそうは思いながら大した感慨もわかなかった。まだ訃報《ふほう》をきいて三時間にもならないのだから、やむを得ないのだと、正介は自分で自分に言いきかした」

あの抒情的でふんわりしたヒゲも黒い煙となってしまったのだろう。やがて火葬が終わり、友人が呼びに来てくれた。


先刻と同じ人物の従業員が竈《かまど》の扉をあけた。熱気がぽっと正介の頰にふきつけた。レールを伝って酒匂の死体が骨《こつ》になってこちらへすべり出た。

一同の見まもる中で、従業員が棺に打ってあった釘を拾いはじめた。拾っている道具は正介の家にある長さ六、七センチの磁石にくらべて、何層倍か大きかった。恐らく二十五センチはあろうバカでっかい磁石で、火葬場が工場にたのんで特別注文で作らせたものに違いなかった。おそらく金の指輪やプラチナの入歯が黒こげになっても、その磁石は精密機械のように見落しはしないだろうと思われた。

骸骨の上を走りまわる磁石が、黒こげになった釘を一本残らず吸いよせるあざやかな手さばきを見ながら、正介の胸に何かわけの分らぬ嫉妬のようなものが湧き出た。ことわっておくが、それは金やプラチナに対する羨望嫉視《せんぼうしっし》ではなかった。一口にいうと、六十年あまり生きて正介は人生をあれこれ手さぐりで捜してきたが、まだ何一つさぐり当ててはいない苛立《いらだ》たしさの変形のようなものかも知れなかった。

小説の最後は、火葬場の従業員がなぜか敵意に満ちた目つきで正介を凝視していたと結ばれる。主人公の「わけの分らぬ嫉妬」については、ここに引用した以上には言及されない。

それにしても、ここで釘に込められた意味合いとは何であろうか。いろいろとこじつけることは可能だけれど、話の流れからするとタイトルとは裏腹に、釘そのものにはさして意味はない。むしろ重要なことは、釘を吸いつける磁石の持つ能力——要領良く箇単に苦労を飛び越してしまえるパワーに、鼻白んだという事実であろう。「そんなもんじゃないだろ」というのが、正介の気持ちだったのではないのか。屋根瓦を固定する細木や、蜜柑箱や林檎箱といったものを燃やしたあとに残る釘を拾うのならば磁石はすこぶる便利だろう。だが人間を火葬したあと、灰の中から棺へ打ち込まれた釘を拾うのにまで磁石を使うのはどうなのか。亡くなった者への敬意が欠けているのではないか。平然と磁石を持ち出すような臆面のなさは、人生の重みとは相容れないのではないのか。

まだ老いや死を意識せずに若さを実感していられるうちは、何事もせっかちに手早く済ませたがるものである。本当は人生の残り時間が少ない者ほど簡便さや即効性を重んじそうなのに、現実にはその関係性が逆転している。おそらく、歳を重ねるうちに自分でできることには限りがあり、ならばせいぜいゆっくりと丁寧に現実と向き合いたいと思うようになってくるのではないか。しかしそうした経緯はあまり声高には語りたくないものである。わざわざ自身の無力感やちっぽけさを説明するわけなのだから。

それゆえに、老人は黙したまま苦々しさを抱え込むことになる。

歳を取るにつれて生じてくる鬱屈とは、なるほど火葬場特製の超大型磁石へ向かって「世の中、そんなもんじゃないだろ」と呟きたくなるような性質のものであるのかもしれない。

【老いとともに出会う〝難儀なこと〟】

わたしの母は、とうに八十を超えている。父親は二年前に亡くなったので、今ではマンションで独り暮らしをしている。週に三回、ヘルパーが入ってくれている。もともと出不精な母親だったが、ここ数年は自発的に外出をしたことがない。昔からの引きこもり傾向が、ますますひどくなってきている。父の葬儀を除いて最後に一緒に外出したのはもう十年近く前で、母と妻とわたしの三人でリングリング・サーカスを観に行ったときであった。いい大人がサーカスというのも変な話だが、何かの気まぐれで母が希望したのであった。

かなり前のほうの席に我々は座っていた。演《だ》し物がどんなであったかは、ほとんど覚えていない。ピエロはちっとも面白くなかった。ただし、象が何頭も出てきたことは鮮明に記憶に残っている。あれこれと芸当をしたあとで、いきなり、十頭近くの象が一斉にごろりと地面に横たわった。そして象使いの掛け声で、地面に接しているのとは反対側の前脚および後脚を空中へぴんと伸ばして見せた。きっとこうした姿勢を取らせるにはかなりの訓練が必要だろうと思わせられた。

ほとんど目の前に、象がこちらへ腹を見せて横たわっている。そして真正面に、象の下腹部が曝《さら》されていた。雌であった。生殖器が見えていた。

象のぶ厚い皮膚は細かな皺が縦横に走っているが、女陰の周囲にはまるで爬虫類を思わせる皺が刻まれていた。皺の重なりが鱗みたいに見える。蛇に唇はないが口の周辺に罅《ひび》割れたように溝が刻まれている——ちょうどそれを思わせる具合に皺が寄っていて、ひどく気味が悪かった。母も妻もそれを目撃しているわけだが、もちろん何も言わない。三人揃って象の女陰を視界に収めている光景を、わたしは何て馬鹿げているのだろうと思った。母親に「あれって、グロテスクだよなあ」と耳打ちしたらどんな反応を示すのか試してみたくなったけれど、もちろん実行はしなかった。

わたしは老いに踏み込みつつあり、母はむしろ死に近付きつつある。にもかかわらず、当方と母親との間にはいまだに微妙な「わだかまり」がある。おそらくそれは修復不能で、だからそのまま「わだかまり」を先送りしつつ老いと死によって帳消しにしてしまう腹づもりが何となく親子で成立していたのである。

そんな我々の前に、いきなり象の下腹部である。その不意討ち加減は、血の絆の面倒さや鬱陶しさ、いつまで経っても和解のできぬ意固地な心を嘲笑しているかのようであった。そのエピソードに対するわたしの気持ちが、母へ「あれって、グロテスクだよなあ」と囁いたらどんな反応を見せるのかといった底意地の悪い想像にしか結実しない。まさに自己嫌悪の発露である。もはや若さとは縁を切った年齢であるのに、いまだにこんな調子なのである。

うんざりであった。そうは簡単に、年齢が厄介事をもみ消してくれるわけではない。いやそれどころか、火葬場で馬鹿でかい磁石を目撃したり、サーカスでいきなり象の女陰を見せつけられたり、人は歳を重ねれば重ねるほど、いきなり難儀なものに出くわさざるを得ないのだなあと思えてくるのであった。

藤枝静男という作家がいた。志賀直哉の弟子筋に相当する一九〇八年生まれの私小説作家で、谷崎潤一郎賞や野間文芸賞も受賞しているのに、今では講談社文芸文庫でしか単著は読めない。嫌な世の中である。浜松で長く眼科の開業医をしながら執筆していた。開業医ゆえに、私小説作家にありがちな貧乏話や酒乱の話は出て来ない。甘ったれた自己憐憫もない。幾つかのテーマはあったが、結局は自己嫌悪の克服が中心となっており、往々にしてあたかも身辺小説みたいな書き出しなのにいつしか驚くばかりにアヴァンギャルドな手法へ変貌していくその無手勝流が、どこか医者特有の大胆さと重なって唯一無二の作品世界を作り上げている。

わたしにとってはもっとも尊敬する作家で、存命中に会ってみたいと願っていた。しかし晩年には筆を折ったわけでもないのに作品を発表することもなくなり、完璧な認知症となって一九九三年没、享年八十五。あの人ですら認知症になってしまうのかと愕然とし、認知症をリアルに感じた最初がこの作家だったのであった。

とはいうものの、自己嫌悪の権化が認知症となって死んでいくのは、考えようによっては、厄介極まる自分の心（脳）へ一矢報いて生を完結させてしまうことでもあり、ならばいっそ痛快な顛末《てんまつ》であるかもしれない、などと最近は思ったりもするのである。

そんな藤枝静男の短篇に「雉鳩帰る」（一九七八）という作品があり（『悲しいだけ』講談社、一九七九収録。講談社文芸文庫版で入手可）、その中にはこんなエピソードが書かれている。

旅行に出る数日まえに読んだある会報誌の一隅に、会員の短文がのせられていた。書いた人はある大きいサーカスの団長であった。

サーカスの動物はみな雌である。雄は気が荒く扱い難い。雌象は年二回発情する。この時は客席に出せない場合がある。そのセックス処理は大変で「棒振り」という。船の甲板掃除に使うようなものを買ってきてグリセリンを一罐それにつけ、それを挿入摩擦する。象のセックスは人の頭ぐらい高い位置にあるから、団員の若い連中がやるのだが腕が痛くなってしまう。一時間か一時間半するとバケツ一杯の排泄物が出る。終わると象はやってくれた人を顧み、細い眼を一層細くしてやさしく見るようだ。若い連中は十人くらいだが、一人二千円ずつこすり代を払う。（後略《原文ママ》）

私は今これを思い出していた。あれを読んだとき私はある衝撃をうけ、頁を破って手帖にはさんでおいた。書いた人と動物とにとってきわめて自然であり合理的であることが、私には衝撃として感じられ、それが人間存在の悪というふうに膨張して自分を縛りつける。そしてそういう観念の変形し歪んだようなものが、まるでカサブタみたいに私の全身を覆い、罪業として慢性に意識されている。それによって人間自然の成熟または諦観というようなものの到来がはばまれ畸形化してきた、と私は思った。

確かに、象が「棒振り」の人を顧みてうっとりと優しげな目つきをするというところには、何か根源的な部分で罪悪感を想起させるようなインパクトがある。

サーカスの団長が綴ったこの文章（人間存在の悪とか罪悪感などまったく念頭にないまま綴られたのだろう）に衝撃を受けたのが若者ならばわたしとしては納得がいくのだ

が、そのとき藤枝静男は七十歳を過ぎていたのであった。この文章が孕んでいる生々しさに対して、老人であってもやはり動揺することが、一瞬、意外に思われたのだった。このようなエピソードと世間で遭遇し、自分なりに折り合いをつけた挙げ句に人は老人になっていくのであると（漠然とながら）信じていたからである。もしかすると鈍感になっていくだけのことなのかもしれないけれども、老人とは「棒振り」の話を聞いても淡々としている、というのがわたしなりの老人の定義なのかもしれないとすら思ってしまう。

では六十歳に近付きつつある自分自身はどうなのか。やはり「畸形化」していることだろう。妻と母とを伴って行ったリングリング・サーカスでの出来事を思い返してみるだけでも、十分に畸形そのものである。

【死の床で】

「ミセス・ブリンの困ったところ、世界の困ったところ」という風変わりな題の短篇小説がある。一九六三〜六四年頃にパトリシア・ハイスミスが執筆したもので、『目には見えない何か――中後期短篇集1952―1982』（宮脇孝雄訳、河出書房新社、二〇〇五）に収録されている。パトリシア・ハイスミス（一九二一〜一九九五）はテキサス生まれの女性作家。ヒッチコック監督の『見知らぬ乗客』、アラン・ドロン主演の『太陽がいっぱい』の原作者として知られるが、シニカルで残酷で人の心の暗部を抉《えぐ》り出す短篇群のほうに魅力はより発揮されるようである。

では老いと鬱屈といった視点から、この小説を読んでみよう。

冒頭はいきなり「ミセス・パーマーは死にかけていた」と始まる。このミセス・パーマーこそが主人公で、英国での物語である。六十一歳、裕福な境遇にあるが白血病を患っている。夫とは八年前に死に別れ、二人いた子供の片方は十歳で亡くなっている。したがって身寄りは、今では英国空軍の将校となっている息子のグレゴリーだけである。

白血病が小康状態にあったので、彼女はスコットランドへ行こうとしていた。だが旅の途中で体調を崩し、見知らぬ医師の診察を受ける。医師は、巡回看護師がいて空気も新鮮なイーミントンという保養地で休養することを勧めた。数週間でまた旅を再開できるであろう、と。

保養地とはいっても、二月初旬の季節はずれであった。冷たい海風の吹き渡る浜辺に面したコテージをミセス・パーマーは借り、メイドとしてエルシーを雇った。エルシーの娘で十四歳になるライザも、手伝いに来ていた。

コテージでミセス・パーマーはほとんど寝たきり状態となってしまった。一ヵ月近くが経ち、もはや病状の回復は望めそうになかった。この馴染みのない土地で、間もなく死ぬであろうことを彼女は自覚していた。動揺はしなかった。それはそれで仕方のないことだと思っていたし、中東に配属されている息子のグレゴリーへは電報を打ったものの、迷惑を掛けたくないからとあえて至急扱いにはしなかった。「……気の弱い電報を打ったものだ、とミセス・パーマーは思った。もっと勇気を出して、『あと一週間で死ぬ。至急会いたし』と単刀直入にいえばよかったのだ」

本心を曲げてでも他人に配慮してしまうところが、彼女にはあったのだった。しかし、だからといって純朴な善人であったわけではない。階級の違いを峻別していたし、その上での優しさしか発揮しなかった。メイドのエルシーを働き者として評価はしていたけれど、知性の足らないつまらぬ女だと裁定していた。では巡回看護師に対してはどうだろう。

巡回看護師のミセス・ブリンは、「恰幅のいい中背の女性で、髪はダーク・ブロンド、年齢は四十五、いつものようにゆったりしたツーピースの黒いスーツを着て、左の胸に薔薇色の花のブローチをつけていた。薄いピンクの口紅をつけ、かかとの高い靴をはいている。イーミントンの女性にはよくある境遇だが、彼女も海で夫を亡くした寡婦で、四十を過ぎてから看護の仕事を始めた」。世慣れた苦労人だが根っこの部分は決して上品ではなく、ドライで油断のならない人間といったところがミセス・パーマーの人物評であった。ミセス・ブリンに比べれば、メイドのエルシーのほうが頭は鈍いが誠実である。

毎日、注射器を鞄に入れてミセス・ブリンは訪ねてくる。手際よく注射を打ったあとで、ミセス・パーマーと空疎な会話を交わしながらお茶とスコーンを楽しんでいく。彼女は訳知り顔で受け答えをするところがあり、詮索好きでもあった。

ミセス・ブリンの視線はたえずミセス・パーマーのベッドテーブルをうかがっていた。何を見ているか、ミセス・パーマーは不意に気がついた。アメジストのブローチだ。ミセス・パーマーは何日かカーディガンにそのブローチをつけていたが、体調がすぐれなくなり、つけていても気分はいっこうに引き立たなかったし、安っぽく見えてきたので、外すことにした。

「きれいなブローチね」ミセス・ブリンはいった。

「ええ、昔、夫にもらったものなの」

ミセス・ブリンは身を乗り出してながめたが、触ろうとはしなかった。長方形のアメジストのまわりに、ちっぽけなダイヤがちりばめられている。彼女は立ち上がり、機敏そうな丸い目でブローチを見おろした。「これ、息子さんか――その奥さんにあげるんでしょう?」

ミセス・パーマーは戸惑って顔を赤くした――それは怒りだったのかもしれない。誰にあげるか、考えたこともなかったのだ。「何もかも息子のものになると思うわ。たった一人の相続人だから」

「息子さんの奥さんも喜ぶんじゃないかしら」ミセス・ブリンは片足のかかとに重心を置いて振り返り、にっこり微笑んで、受け皿にカップを置いた。

もはや二人の間でミセス・パーマーが死を目前に控えていることは暗黙の了解となっていたが、平然と遺品の話を「生き残る側」が言い出すのは、あまりにも不作法というか粗野な態度であろう。しかも物欲しげな様子を発散させて。そんな育ちの悪い振る舞いにミセス・パーマーは衝撃を受けた。

巡回看護師が帰ったあとで、追い打ちを掛けるように、無邪気なエルシーが「ブリンさんって変なんですよ」と語る。

「息子さんがくるかどうかって、あたしに訊くんです。そんなこと、あたしにはわからないのに。ええ、そう思いますよって答えておきました」

「ブリンさんの困ったところは――親切でいろいろ尋ねてくるんでしょうけど、でも……」

二日後。この日が遂にミセス・パーマーの命日となった。

その日の朝に息子のグレゴリーから電報が届いた。こちらへ向かっている。臨終に間に合うかどうかは微妙だろう。ミセス・ブリンは何度も部屋に入ってきた。「ミセス・ブリンはしきりに体温を測り、脈を取った。そして、片方の足に重心を置いてひとわたり部屋を見まわすと、自分しかいないところで黙想にふけるように何事か考えていた。無表情ながらどこか晴ればれとした感じで、薄紅色とクリーム色に染まった頰は健康そうに輝いていた」

【アメジストのブローチ】

ミセス・ブリンが席を外している頃合いを見計らって、ミセス・パーマーはエルシーをベッド脇に呼んだ。息子のグレゴリーへこのアメジストのブローチを渡すようにエルシーに頼もうと思ったのである。そうでないと、ミセス・ブリンに横取りされてしまいかねないから。

だが、どうも上手くいきそうにない。ならばいっそ――彼女はエルシーへ、今まで世話になったのだからこのブローチを進呈しようと申し出る。だが朴訥なエルシーは驚き、恐縮し、ひたすら固辞する。そんな次第でミセス・パーマーは瀕死のままアメジストのブローチを握りしめていたのだった。

夜の六時になって、やっと息子のグレゴリーは到着した。母の手を取り、額にキスをしたが、あとはミセス・ブリンが場を仕切り（彼女が唯一の医療者だったのだから）、彼女以外は一歩下がってベッドを取り囲んだ。

死の直前、ミセス・パーマーはどんなことを考えたか。


総じて幸せな一生だった、と彼女は思った。むろん、もっと自分の性格がよくて、短気やわがままとは無縁の、純粋な気持ちを保っていられたら、いっそう幸せに暮らせただろうとは思う。だが、それはすべて終わったことで、今は自分の不完全さ、至らなさを自覚するだけだった。至らないといえば、ミセス・ブリンが今ここにいるのも都合の悪いことだった。ミセス・ブリンの微笑は場違いで、時宜にかなっていない。ミセス・ブリンは彼女のことを理解していない。ミセス・ブリンは彼女のことを知らない。どういうわけか、ミセス・ブリンには人の善意がわからない。それが欠陥であり、その欠陥は人生そのものの欠陥でもある。無理解の積み重ねが人生であり、誤って心を閉ざし続ける失敗の連続が人生なのだ、とミセス・パーマーは思った。

アメジストのブローチは左の手の中にあった。何時間も前の午後に、盗まれないように握りしめたのだが、いまではその行為の愚かしさに気がついていた。じかにグレゴリーに渡そうとも思ったが、それも忘れていた。握りしめた手がかすかに動き、唇が開きかけたが、声は出なかった。彼女はそれをミセス・ブリンに渡したかった。肯定的で寛大な心の表れとして、この無理解の権化にブローチを受け取ってもらいたかったが、意志を伝えるだけの力はもうなかった。それもまた人生に似ている。何もかも少しだけ遅すぎるのだ。無表情にこちらを凝視するミセス・ブリンの目を見ているうちに、ミセス・パーマーの目蓋は閉じていった。

彼女が息を引き取るまさにその瞬間に、目を合わせていたのがミセス・ブリンであったというのは残酷な話である。「彼女が死んだとき、一番そばにいたのはミセス・ブリンだった。薄紅色とクリーム色に染まった丸い顔を近付けていたが、緑がかった灰色の目は新種の爬虫類のように無表情に見開かれていた」という一文がまことに恐い。

【面倒なこと】

ミセス・パーマーは人生の最後の瞬間において、「肯定的で寛大な心の表れとして」ミセス・ブリンというグロテスクな人物に、「ブローチを受け取ってもらいたい」と願ったのであった。それは、ミセス・ブリン本人あるいは彼女のような人々だらけのこの世の中と和解したからだったわけではあるまい。善人ぶって自己満足したかったわけでもあるまい。

結局のところ、ミセス・ブリンのような人には、ブローチを与えてしまうことこそがもっとも無難なのである。平和なことなのである。ミセス・パーマーにもっと活力があれば、いや「そんなもんじゃないだろ」と思ったことだろう。だが彼女はもう面倒になっていたのである。あえてブローチを渡すことで、ミセス・ブリンの顔から無表情を拭い去りたかっただけだろう。

老いること、死に瀕することは、すなわち「何もかも少しだけ遅すぎる」と痛感し、何もかもが面倒となってしまうことに他ならない。この期に及んでもなお難儀なことに出会ってしまわなければならない運命に溜め息を吐きつつ、「もういい、結構だよ」と思うことである。それが単に力尽きたとしか見えない場合もあれば、悟りの境地に達したかのように見える場合もあるのだろう。

いずれにせよ、ミセス・パーマーは息を引き取った。面倒から解放されたのである。そして新種の爬虫類のような目つきのミセス・ブリンは、自己嫌悪を覚えることもなくこの世を生き抜いていく。

もしもミセス・パーマーが火葬にされたとしよう（その可能性は低いだろうが）。棺には、最後まで彼女が握りしめていたブローチが遺体と共に納められるかもしれない。そうして、焼き上がったあとに、黒ずみ変形したブローチは金属部分を巨大な磁石に吸い寄せられることになるのだろうか。まだ老いとは無縁の息子グレゴリーは、おそらく「そんなもんじゃないだろ」などと苦々しげな表情を浮かべたりはしないだろう。

*

老いることとは、人生経験を積むことによって「ちょっとやそっとでは動じない」人間になっていくこととは違うのだろうか。難儀なこと、つまり鬱陶しかったり面倒だったり厄介だったり気を滅入らせたり鼻白む気分にさせたりするようなことへの免疫を獲得していく過程ではないのか。

難儀なことを解決するのか、避けるのか、無視するのか、笑い飛ばすのか、それは人によって違うだろうが、とにかく次第にうろたえなくなり頼もしくなっていくことこそが、老いの喜ばしい側面ではないかとわたしは思っていたのだった。だが、世の中にはまことに嫌な法則がある。嬉しいことや楽しいことに我々の感覚はすぐに麻痺してしまうのに、不快なことや苦しいことにはちっとも馴れが生じない、という法則である。不快なことや苦しい事象は、砒素や重金属のように体内へ蓄積して害を及ぼすことはあっても耐性はできないものらしい。

だから老人は鬱屈していく。歳を取るほど裏口や楽屋が見えてしまい、なおさら難儀なものを背負い込んでいく。世間はどんどんグロテスクになっていき、鈍感な者のみが我が世を謳歌できるシステムとなりつつある。

さて、わたしは現在、都内のマンションの一階に住んでいて、ささやかながらも庭がある。そこに大きなヒキガエルが一匹棲み着いていた。互いに何の干渉もしないけれども、庭へ勝手にカエルが主を気取って暮らしているのは悪い気がしない。名前でも付けてやろうかと思っていたくらいであるが、ある朝、出勤途中のアスファルト道路の真ん中に、大きなカエルが仰向きになって白い腹を出して死んでいるのを発見した。口から内臓の一部があふれ出ている。轢《ひ》き殺されたにしては、ぺちゃんこになっていない。傷もない。死因がはっきりしないが、不慮の死である。直線距離では我が家の庭に近いので、あのヒキガエルの無残な姿である可能性が高い。

かなりの衝撃を受けつつ、そのまま駅に向かった。図体が大き過ぎて、どう始末して良いかも分からないまま道を急いでしまったのだった。帰りには、路上には死骸はおろか何の痕跡もなかった。

帰宅してから思ったことは、昨日までは自分はカエルと同じ世界に共存していた。だが今日にはもうカエルはどこか別な世界に消えてしまった。喪失感よりも、今の自分はカエルが見捨てて行った世界にこのまま留まっている、そんなことを実感したのであった。自分はカエルから取り残されたまま、こうしてこの世界に暮らし続けているという寂しさだけが迫ってきた。

いずれわたしもこの世界を置き去りにしてどこかへ消え失せてしまうのである。ならば世界と一緒に置き去りにしていくグロテスクな連中——たとえばミセス・ブリンのような人たちに「肯定的で寛大な心」を無条件に示してやるのもひとつの見識かもしれない。自分としては、わたしが死んだときにヒキガエル程度にも他人へ寂寥感を覚えさせられるとは思えないので、なおさらどうでも構わないのである。

老いても鬱屈や煩悩は累積していくばかりである。難儀なことには事欠かない。しかし遅かれ早かれこの世界のほうを、さながら迷子みたいに置き去りにしてやれるのである。残された連中が、灰と化したわたしの骸骨に大きな磁石を這わせていたら、それこそ間の抜けた光景ではないか。

差し当たっては、五十年近く前にあの折井工具店で出会った、「おお、ずっしりしているのう」と呟きつついかにも嬉しそうな表情を浮かべたあの老人のようになることが、わたしに可能そうな目標である。

第7章　役割としての「年寄り」

【老人と年寄り】

老人という言葉には、老化現象の起きた人間とか老衰間近の人間といった印象を覚えてしまって、いまひとつ好きになれない。老人ホームとか、老人病院といった具合に。それよりは「年寄り」といった呼称のほうが、経験や年輪を重んじている気配が感じられて好ましい。相撲界でも年寄株は必ずしも高齢者が持つわけではないし、江戸時代の武家では役員待遇的な意味合いではなかったか。長老、なんて尊称も最高齢者というよりは「年寄り」に近いニュアンスであろう。

わたし個人の勝手なイメージでは、年寄りとは喧嘩の仲裁ができる人である。「ここはひとつ、年寄りの顔に免じて堪《こら》えてくれんかのう」と言えば、それで喧嘩している同士はしぶしぶ矛先を納める。立腹しつつも、どこか安堵した表情を浮かべながら。そんなふうに心の機微を読み取り、また最後の最後になってやっと腰を上げるその状況判断の確かさと、さらには人生経験を重ねてきていることに対する万人の敬意とが、その場を丸く治めるわけである。

だから当方としては、近い将来自分が老人と呼ばれるのは好まないが、（きちんとした）年寄りにはなりたいと思う。これからの時代、老人は世間の厄介者的な扱われ方をますますされていくだろうから。ましてやシルバーなんて、屑鉄みたいに思われるのだろう。

岡本綺堂の半七捕物帳は、明治時代になってから新聞記者の青年が、神田三河町の岡っ引きを引退した半七老人を訪ねて事件のことを聞き書きした体裁となっている。半七は悠々自適で隠居生活を楽しみ、鷹揚《おうよう》で、当然のことながら話も面白い。半七こそは年寄りと呼ぶのが相応《ふさわ》しかろう。ちなみに半七は文政六（一八二三）年に生まれ、明治三十七（一九〇四）年に八十一歳で天寿を全うしたことになっている。

誰でもとにかく生きていれば老人になる。ただし、年齢相応の自覚やある種の役割意識があって初めて「年寄り」というポジションが成立するのではないだろうか。

かつてはことさら意識したり自覚しなくても、周囲が特別扱いをしてくれたのだろうし、年長者としてそれなりの言動を求められたのが、昨今は高齢者イコール「老人と称する弱者だか厄介者」でしかなくなってしまった図式が問題だろう。「年寄り」とは世間における一つの関係性であり、また程度の差はあれども「あえて演じられる」姿ではないだろうか。そして面白いことに、困った年寄りとか、情けない年寄りといったものもまたひとつのキャラクターとして社会に居場所があるとされていたのではないか。本人もそれを薄々意識しつつ自分に似合った年寄りを演じていた――そんな余裕が世間に暗黙の了解としてあったのではないだろうか。

【葛飾的】

吉行淳之介の本でいちばん好きなのは『目玉』という短篇集で、飄々《ひょうひょう》とした軽さと得体の知れなさとのブレンドが絶妙に思える。文庫本（新潮文庫）だと厚さがわずか七ミリ程度なので、出掛けた先で暇を持て余したときの用心に鞄へ入れっぱなしにしてある。別の鞄には、これまた同じ理由でやはり厚さ七ミリたらずの文庫本・武田泰淳『目まいのする散歩』（中公文庫）を突っ込んだままにしてある。

それだけ気に入っている『目玉』だが、表題作だけは読んだことがない。白内障の手術を作者が受ける場面が詳細に書いてあるらしく、わたしには先端恐怖の傾向があるので読むのを避けているのである。少しでも疲れてくると、鉛筆の先端や三角定規の鋭角が目に突き刺さってくるような気がしてくる。そんな人間にはホラーなのである。

この短篇集の最後に収められている「葛飾」という作品（一九八〇）は大好きである。何度読んでも飽きない。

語り手である作者は、背骨の痛みに苦しんでいる。来客と仕事の話をしているときでさえ、椅子に座っている姿勢が次第に苦しくなってくる。ソファに俯せに横たわると、それでやっと一息つけるといった情けない状態にある。

すると来客である佐々木君が、葛飾の整体師のことを口にした。「わたしの母親が腰痛で三年間どんな医者にかかっても治らなかったのが、一回だけの治療で癒りました。それから一年経つけど、再発しませんよ」。作者は興味を惹かれ、佐々木君にその整体師を紹介してもらうことにした。混み合っているとのことで、三週間後に初診日を指定された。

電車やバスを乗り継いでやっと辿り着いた治療院は、小さな木造家屋であった。入り口のガラス戸には『整肢整体研究室』と金文字で書かれ、「狭い三和土《たたき》に靴やサンダルが脱いであって、そこから家屋の中がすべて見透せる。板敷のスペースにベッドが四つほど並んでいて、その上には仰向けのかたちで男や女がいる」。さらに一段高くなったところは畳敷きで、たとえば上半身裸の男が白い上っ張りを着たスタッフに介添えされて身体を烈しく曲げたり捻ったりしている。患者は全部で十人ほどであった。

おそらく作者は、新興宗教の支部や得体の知れぬ民間療法の道場、あるいは易者養成所みたいなものに共通するどこかうらぶれて胡散臭げで土着的な雰囲気に鼻白んだのではないだろうか。タイトルの「葛飾」も、そのあたりに絡んでいるのではないか。

院長は七十近くの痩せた老人で、背筋が伸び白衣を着ている。


時折、電話が鳴る。

受話器を耳につけたまま、助手の女が奥へ呼びかける。

「先生、新患のかたですが」

「当分ムリっ」

と、乱暴な口調で、甲高い声が咄嗟に返ってくるが、結局三週間後の診察が認められることになる。

作者は、初診用の問診票を書き終えたあと、三時間半以上も待たされる。患者が次々に入れ替わり、老先生も風呂敷包みを持っていそいそと銀行へ出掛けてしまったり、とにかく作者は放置されたままである。居心地の悪いことこの上ない。

「さて」

と、老先生は顔を向け、眼鏡のレンズの上のほうから視線を送って寄越した。カルテを見て、そこに書かれている名前を声を出して読み、

「なにか聞いた名ですな」

患者たちの視線が一斉に向けられたが、それらの眼は曖昧なままで、反応がない。それを確かめると、もう一度、カルテの名前を声に出して言う。

「いやあ、有名な名前だ、この前も週刊誌に出ていましたな」

患者たちの顔に好奇心が浮んだが、表情は相変らず曖昧なままだ。


老先生は、他の患者に「有名人」である作者を見せびらかそうとしていたわけである。だが患者たちにとって、おそらく歌謡曲の歌手や俳優ならば注目に値したのだろうが、小説家では関心の埒外であったに違いない。

くたびれて色褪せたトレーニング・パンツに着替えさせられ、上半身は裸にさせられた。老先生はどうも高飛車である。すでに作者は治療院の建物を目にした時点で失望しているが、とりあえず質問をしてみる。

「佐々木君のはなしによると、一回の治療で癒るそうですが」

自信満々の態度で片腕を引っ張り上げたりしながら、老先生は答える。

「そりゃ、あんた。腰痛と違ってね、こういうものは、一回ではムリ。ま、二、三回はかかるものだよ」

【老先生】

一週間後に再診となった。症状はちっとも改善しない。むしろ悪くなっている。作者は、今度は自動車を運転して葛飾まで赴く。渋滞で難儀し、昔深い関係のあった女の家の近くをのろのろと通ったりする。

症状が良くならないと告げると、

「そうでしょう、よくあることですよ。治療の反動でね、かえって悪くなる。毒素がどんどん出てしまえば、それでカタがつく」

その日は牽引の他に電気療法が行われた。

ベッドの一つで横たわっている男の患者が、質問した。

「先生、これは電気アンマのようなものですか」

「ば、ばかな」

老先生は細長い顔で、頭には白い和毛《にこげ》のようなものがいくらか生えている。その顔を赤くして、眼鏡越しにその患者を睨み、

「そんな……、もっとずっと……、大へんな、高級なものだ」

と答えた。


この場面だけでも、治療のみならず老先生の「いかがわしさ」と、インテリとは程遠い人柄とが伝わってくる。

以後も、作者は葛飾に通い続ける。ということは、何度通っても改善していないことになる。にもかかわらず作者は通う。もはや治療には期待などしていない。だが、俗物のカタマリのような老先生を観察することに作者はのめり込んでいる。

実は作者の家から歩いて五分のところに、有名な整体の先生の家がある。聞くところによれば大邸宅で（作者は前を通ったことがない）、玄関を入るとベートーベンの第九が鳴り響いているという。こちらの先生は「宮内庁御用達《ごようたし》」といった感じの教祖めいた人物で、威厳もあり、またかなりお金が掛かることもあって客層は庶民レベルではない

らしい。こちらへ行くようにと作者へ勧めた知人もいるが、なぜか葛飾のほうへ通っている。いかがわしさにおいては大差がないかもしれないが、葛飾の先生の気取らぬ俗物ぶりのほうが作者の屈託に上手くフィットするらしかった。

もはや、葛飾には五十回は通っている。もちろん症状は同じままである。近頃は老先生、色紙を何枚も用意していて作者は治療に来るたびにマジックを渡される。作者のほうも、《整肢整体でニコニコと》などと苦笑しながら書いている。寿司屋の色紙の揮毫《きごう》まで頼まれたり、著名なシャンソン歌手の弟の肝臓を一回だけで治したといった自慢話を聞かされたり、そちらのほうが通院のメインとなっている。

電気治療を受けながら、時間を持て余して、作者は横たわったまま壁に掛かっている額入りのカイロプラクティック協会発行の証明書を眺めていた。

そのとき、ふと気づいたことがある。

それらの証明書の発行の日付が、いずれも十年前のものなのだ。老先生がいま七十歳とすると、わずか十年前、とも言える。若いころからこの道一筋……、という印象を受けていた。

六十歳まで、どういう人生を送ってきたのだろう。風呂敷包をもって閉店直前の銀行へ急ぎ足で出かける姿をおもい浮べながら、横目で老先生を窺った。暑いので、その日はちぢみのシャツとステテコ姿である。

結局、秋が深まっても症状は治らず、とうとう作者は通院をギブアップした。行くのを止めたなら止めただけのことなのに、彼はわざわざ老先生に詫び状を出した。考えようによっては、これだけ長く通っても改善しなかったのだから葛飾の先生こそ詫びるべきといった考えだって成り立とう。だが遂に素性を知ることのなかったあの老先生のことを、見限ってしまうかのような疚《やま》しさを作者は感じたのだろう。

それから三年後に、作者の家の近くにある「宮内庁御用達」ふうの整体の先生が亡くなった。ベートーベンの第九が鳴り響いていた大邸宅の先生である。七十代前半という。それを知って作者は思う。あんなに偉そうにしていた大先生は、もっと長生きをして健康の「手本」を示すのが義務ではなかったのか、と。その後間もなく、葛飾の老先生も亡くなったと風の便りに聞く。こちらも享年は同じくらいの筈で、しかし庶民的な老先生ももっと長生きしてみせなければおかしいだろう。いや、それともまあそんなものなのか、作者としてはいささか複雑な気持ちになるというところで小説は終わる。

【ズボンが落ちる】

葛飾の老先生は、年輪を重ねても枯れることはなかった。安っぽい俗輩でしかなく、人生経験によってストイックな姿勢や高潔さがもたらされることもなかった。人柄に説得力を持ち得なかったのだから、彼は老人であっても年寄りではないということになる。隠居した半七親分とは大違いである。

だが、吉行淳之介の心を捉えるような要素が老先生にはあったのである。それはある種のキッチュさであろうし、それなりに懸命に生きている姿がもたらす可笑しみであったかもしれない。気取りや高慢さの文脈とは無縁の、テキ屋や競馬の予想屋などに近い胡散臭さはかえって何か人生の本質的なことを仄めかしているような錯覚すら与えてくる。

まやかしめいた老人には、確かにときおり出会うものである。世間を生き抜く知恵に類することには長《た》け、狡《ずる》さや図々しさはたっぷりと持ち合わせている。そして退屈で投げ遣りな老人なんかよりも遥かにエネルギッシュで、生き方に面白みを持ち合わせている。

彼らもまた、まるで何も考えていないようでいても自分自身のキャラクターというか浮世における配役を頭の片隅で意識し、それに抗《あらが》うでもなく、逆に妙な自己肯定の根拠ともせず、案外と殊勝にそれを演じているようなところが感じられる。だからこそ、彼らは憎めないし、役割意識という点で、あえて年寄りの範疇に入れて構わない気がするのである。

六十代後半の男性を診察していたことがあった。R氏としておこう。家族はなく、職を転々としてきた。背が比較的高い。今はビルの警備の仕事をしているという。どことなく独り暮らしの哀愁が漂う。

当初の訴えは、不眠と不安であった。毎日般若心経を唱えているなどとR氏は語っていたが、そのうちに性的な話を始めた。彼には同性愛の傾向があると自ら述べる。一ヵ月前に、「煩悩に負けて」若い男の子を伴ってラブホテルに入ってしまった。それ以来、自己嫌悪と情けなさで不眠と不安に苦しめられている、と。般若心経では追いつかないので、精神科へ来たわけである。

うつ病ではなさそうなので、軽い眠剤と安定剤を少しばかり処方してみた。診断書を書いてくれと言うので、要望に応じた。するとすぐに警備の仕事は辞め、診断書を手に福祉事務所へ行って生活保護を申請した。どのように言い募ったのか知らないが、いやに早く生活保護費を手に入れて労働とは無縁の日々を送り始めた。症状はすぐに改善したようだが、たまに薬を貰いに来る。そうしないと生活保護受給の要件を満たせないのだろう。症状は本人申告だから、来院すれば診ないわけにはいかない。

ちょっとズルいなあと思いつつ、風采の上がらぬオヤジが安アパートで般若心経を唱えているところを想像すると、無愛想に接する気にはなれない。受診のたびに「煩悩」について告白をしていくので、それには耳を傾けたくなる。煩悩と言いつつも深刻さはなく、むしろ聴き手がいるので半ば興奮しつつ語っている気配もある。無害な変態ジジイといった風情なのだった。

やがて転勤でわたしは別の病院へ移ることになった。その旨をR氏に告げ、次回からは他のドクターに託すからと告げたのであるが、最後の診察が済んだとき、まるで無声映画の喜劇のように――彼が立ち上がった途端に、すとんとズボンが足首まで落ちてしまった。上半身は水玉模様のシャツで、下半身は縞のパンツという間抜けな姿を曝《さら》したのである。R氏は、「あ、これはこれは……」といかにもわざとらしい声を出しながらズボンを引きずり上げる。

いったいこの茶番は何を意味していたのだろう。

少なくとも、同性愛的な意味でわたしに秋波を送ったわけではあるまい。が、興味深そうに話を聞いていた当方にR氏なりのサービスをしてみせたということなのかもしれない。あるいは、いかにも愚かしい光景ではあったけれどもR氏的には何か非常にエコチックな妄想の実践であったのかもしれない。いずれにせよ、唖然とはしたが、わたしはことさら「おぞましい」とか不快には感じなかった。

むしろ、こういったパフォーマンスが特別な意味を持つような精神生活を送っている高齢者というのも、それはそれで世の中の多彩さを裏付けるもので好ましいとすら思ったのであった。愚かしくはあるものの、R氏もまた「年寄り」であるとわたしは認定したい。葛飾の老先生のように。

【コロナたばこ屋電球】

わたしにとって「年寄り」という言葉の似合うケースを、さらに述べてみたい。

子供の頃になりたかったもののひとつに、近所の煙草屋のじいさんというのがあった。まだ昭和三十年代なので、自動販売機などはなかった。そこの煙草屋の窓口は何となく切符売場を連想させる。小さな窓口から煙草の箱と金銭をやりとりするだけなのだから、小ぢんまりとしていて十分なのだろう。しかも窓口の両脇には縦長の小さなショー・ウインドーがあって、そこにプラスチックの煙草ケースとかライターの石とか耳搔きとかシガレットホルダーなどが並べられ、さらにはコケシだとか金閣寺のミニチュアなどが飾りのつもりなのか置いてある。そのように雑多でコンパクトな感じがとても好ましい。

その煙草屋は小さな商店街と路地とが交わる角地に建っていて、店の内側を覗くと畳に羊羹《ようかん》色の座布団を敷いて老爺が終日窓口の前に座っている。ひっきりなしに客が来るわけではないので、大概は窓口を通して行き交う通行人を眺めたり、道を尋ねる人に場所を教えてあげたり、点けっぱなしの真空管ラジオを聴いていたりする。自分でもときどき煙草を吸っている。座布団の横には火鉢があった。

煙草を売るじいさんが座る座布団の背後には、日用雑貨やチューインガムなどが少しばかり並べてある。紐やちり紙、荷札、石鹸、タワシやハエ取り紙、徳用燐寸《マッチ》や蠟燭などである。しかも驚くべきことに電球もあった。

電器屋が休みだったので、その煙草屋で電球を買った記憶があるのだ。なぜ煙草屋なんかで電球を売っていることを知っていたのかはまったく思い出せないのだが、とにかく次善の策としてそこで電球を買った。球面にはメーカーのマークが描かれているものだが、それには《コロナたばこ屋電球》と輪を作るように小さな文字が並べられていた。煙草屋専用に電球を製造しているメーカーが存在していることに、わたしはかなり意外な感じを持ったのであった。

結局その電球は寿命が短く、何となく安物の粗悪品といったイメージであった。所詮は煙草屋で売られる「間に合わせ」の製品なのだなあと考えざるを得なかった。

それはそれとして、当時の煙草屋にはうんと小規模なコンビニ的性質を備えた店が散見され、だから《コロナたばこ屋電球》なんてものもあったのだろう。煙草屋専用のハエ取り紙なんかもあったのかもしれない。いずれにせよ、ほんの「お店やさんごっこ」のレベルで煙草のみならず日用雑貨までが集約されているのがその煙草屋だったわけで、わたしはそこに世間の構造が簡明に図解されているような魅力を覚えたのであった。そしてそんな店で終日ほぼ外を眺めながら過ごすじいさんがひどく羨ましかった。

今になって振り返ってみると、あのじいさんはなかなか親切で道の教え方も丁寧だったし、町内の事情にも通じていた。毎日商店街を観察しているわけだから、妙なことに気付いていたり、無駄話に立ち寄る人もいたのだろう。地域に根を下ろし、淡々と日常を営んでいく。変化は乏しいかもしれないが、ときには刑事が手配書を持って聞き込みに来たり、入学試験に合格した町内の少年が有頂天になって歩いて行ったり、誰かの不倫相手が着飾って通り過ぎて行ったり、なかなか面白そうでもある。

ではその煙草屋の店先に座るのは青年や中年でも構わないのか。そんなことはないだろう。一見したところは人畜無害で存在感の希薄な老人のほうが安心感を与える。そのような存在が何かを積極的にもたらすわけではないものの、マンネリゆえの安定感や余裕といったものを地域にもたらす。

年寄りが町角で煙草屋の店番を務め、どこかに《コロナたばこ屋電球》と称する怪しげな品物を製造する町工場が存在している——そのような構図は、巡りめぐって人の心におおらかなものをもたらすことになるのではないだろうか。そして煙草屋のじいさんといった「配役」には、誰が志願するでもなく自然に年寄りの一人が収まっているものなのだろう。

【祖母の力】

年寄りというものは特別な存在である。その特別さは、何かを行うからといった理由に根差しているとは限らない。

橋本治（一九四八〜二〇一九、作家・評論家。東京都出身）が『人はなぜ「美しい」がわかるのか』（ちくま新書、二〇〇二）で、祖母について語っている。

私はその初めからボーッとした子供で、大人と出掛けると、必ず「さっさと歩け！」と怒られます。なにかが目の端に引っかかると、ボーッとなってそれを見ているから、そういうことになるのです。ところが祖母は、そうなっても怒りません。私にとって、祖母と出掛けるのは、一番リラックス出来ることなのです。

私がボーッとなってなにかを見ていると、私の祖母も立ち止まって、一緒に待っていてくれます。しばらくして「もういいかい？」と言って、私達は手をつないで歩き出すのです。軽井沢の山ならぬ丘を見ていて思い出したのは、そのことです。祖母に手を引かれて歩いていて、でもボーッとなった私は、すぐにその手を離して、一人でなにやら分からないものを見ています。「見ていてもいい」を実感させるのが祖母で、「自分でなにかを発見する」という力を与えるのだとしたら、その彼女の愛情以外にはありえません。「そうか……」と思って私が驚くのは、意外な結論です。

「愛情というのは、介入しないことか……」です。介入せずに保護して、その相手の中に「なにか」が育つのを待つというのが愛情か——と思いました。

この指摘は、まことに説得力を持っている。この「ただ見守っているだけ」というポジションは、父親や母親には演じられない。両親はすぐに何かを言い、急かし、余計な関わりを持たせたがる。だがそれはそれで必要なことであり、同時に祖母のような「おっとり」とした立場の人間も存在してこそ、まともな人間が育っていく。

祖母が若い頃から同じような態度をキープしてきたわけではあるまい。高齢になるに従い、また彼女の置かれた関係性から、このように「介入せず、保護して見守る」という姿勢を発揮するに至ったのだろう。そうなったのは成り行きでもあり自然の摂理といった部分もあるだろうが、祖母自身がそのように年寄りの役割を（無意識のうちに）解釈していた部分も大きいのではないか。

【釣りの光景】

老いに伴う内面の変化については多少のシミュレーションは可能だが、身体的にハンディを生じた際のことは見当がつかない。というよりも、考えたくないのである。だから、以下のような文章を読むと、それがリアルなのか嘘臭いのかよく分からない。井伏鱒二（一八九八〜一九九三、小説家。広島県出身。筑摩書房の全集は二十八巻を数える）の

「川で会った人たち」(一九七四)という随筆の一部である(原文は旧仮名遣い)。

ある年の夏、この川へ釣に行くと、貝殻石の上にひろげた毛布に胡座をかいてドブ釣をしている老人がいた。見るからに人品のいい老人である。それと並び、これまた極めて品のいいお婆さんが両足を横にして、寄り沿うように腰を卸していた。両者とも白地の着物を着て、お婆さんの方は白足袋をはいていた。

私は貝殻石に近い流れに立ちこんで、友釣をしながら老人の釣を観察した。年は七十歳から八十歳の間と見た。パナマ帽を後ろの木の枝にかけ、静かに竿先を上げ下げしているが、左手が不自由であることがわかった。魚が釣れると竿尻を膝に当てて右手で竿を立てる。するとお婆さんが竿を受取って、ゆっくりと手元から抜いて行き、魚が攩網《たも》に届くところまで来ると、竿を老人の手に渡す。お婆さんが魚を攩網で受けとめると、老人は竿を貝殻石の上に置く。お婆さんは手にした魚を老人の右手に摑ませて、魚籃《びく》の口を差出し老人の手で魚を入れさせる。魚籃は脚立釣で使う魚籃のように首が長いので、お婆さんも腰を卸したままで用が足せる。

お爺さんとお婆さんは、ドブ釣の醍醐味を区切って代り番こに味わっているわけだ。どちらも口をきく様子がないが、お互に相手が次にどんな動きをするか心得ている。

おそらく脳梗塞でお爺さんの左手が不自由になっているのだろう。釣りが大好きで、しかしそのような身体的ハンディに見舞われたとき、連れ合いがこんなふうに付き合ってくれたらそれは嬉しいことだろう。

この光景を目にしたときの井伏はまだ六十歳にもなっておらず、老夫婦に対して「むしろ、いやらしいみたいだな」と思う。絵に描いたような仲睦まじさに、反感に近いものを感じたらしい。しかし老夫婦と同じくらいの年になったときに、「貝殻石の上の老人を真似ようにも、あのように優にやさしくかしずいてくれる婆さんはいない」と井伏は痛感し、「あの老人夫婦は相当なものではなかったろうか」と思ったというのである。

この記述はなかなか微妙である。

そもそもお婆さんは、本当に釣りを楽しんでいたのか。少なくとも当初は介護やボランティアに近い気分、優しくしてあげたい気分に近いものに発動されて釣りに付き合い、そのことで夫の気持ちが和《なご》むことに嬉しさを感じ、やがて釣りも案外面白いものであるなと気付くようになったのではあるまいか。いずれにせよ彼女が嫌々付き合っていたのではないところに妙味があり、またそうした経緯を漠然と感じ取った中年時代の井伏は介護的ニュアンスのほうに反応して「むしろ、いやらしいみたいだな」と感じたのであろう。

この老夫婦には、当初、仲睦まじさを演ずるような要素があったに違いない。だが次第にそれが自然なものへと馴染んできたのではないか。この釣りの光景は、たんなる「心温まる眺め」と手放しで賞賛するようなものではないかもしれない。もっと屈託が込められている可能性は大いにある。だがたとえそうであっても、結局のところは「あの老人夫婦は相当なものではなかったろうか」と井伏に思わせたところに、ひとつの意義が生まれている。その時点において、彼らは心を通わせた二人の「年寄り」となっていたのである。

*

昔ならいざ知らず、現代では自然に「いつの間にか」年寄りになることは難しいのかもしれない。体力や能力の劣化した「だけ」の存在と見なされ、弱者どころか年金を消費する暇人であるとしか思われかねない。換言すれば、老人には居場所がない。役割がない。ポジションがない。

ならば若さに執着し、若さを装っていれば良いのか。老いることは敗北であり忌避すべきことなのか。

六十歳を超えると急に「余りにも下世話な」妄想が突出するケースが散見されることは、既に第5章で触れた。その背景には、若さから遠ざかったことへの無念さとともに、年寄りであることを受け入れるに足る価値感が高齢者に与えられていないことがあるだろう。暴走老人などというものが出現したのも、老人であるという無力感や孤独感のみならず、年を重ねたという事実を劣化といった文脈でしか認識しない世間への恨みが大きかったからだろう。年長だからとそのことだけで威張るのも、あるいは落胆するのも問題だけれど、年長者の顔を立てるといった世の中の「知恵」が通用しなくなっている。その辺りの軋《きし》みを是正するには、もはや老人が年寄りであることをある程度意識的に「演じる」ことから再スタートするしかないのではないか。

世の中が認めてくれるかどうかはさて置き、年寄りというキャラクターを、役割を、もっと意識してみてはどうなのか。そのキャラクターが現今においては「カッコ悪い」といった了解があるから、年寄りであることを皆が演じたがらない。若く見えるという意外性ばかりを狙いたがる。

団塊の世代がこれから老人へと突入していく。どのような老人像を頭の隅に思い描きつつ年寄りになっていくのか。ジーンズやTシャツが少なくとも外見的に旧来の老人とは違ったイメージをもたらすだろうし、家族のあり方も変化してきているのだから、過去の年寄りの姿がそのまま手本にはなるまい。還暦に赤烏帽子《えぼし》と赤いちゃんちゃんこを贈られていた頃とは時代が違う。

とはいうものの、人間の基本的パターンにそう変化はない。葛飾の先生のようなタイプもいれば笠智衆《りゆうちしゆう》みたいな人物もいる。R氏のような人もいれば煙草屋のじいさんもいるし、妻と一緒に釣りをする老人もいる。清濁併せて人間としての多彩さを受け入れ、あえて自分らしい年寄りを「演じて」みせることで配役を全うする体験を楽しめればベストだろう。人生なんて、所詮は座興に過ぎないのだから。

第8章　老いを受け入れる

【浜辺の煙】

浦島太郎の昔話は、なかなか不気味な物語である。竜宮城における快楽の日々はともかくとして、浜辺に戻ってきたら様子がおかしい。家々の佇まいも景色も微妙に変わり、知っている人は誰もいない。わずか数日を竜宮城で過ごしただけだった筈なのに、驚くほどの年月が故郷では経過していた。太郎はすっかり世の流れに取り残され、強烈な違和感と孤独感とを味わうことになる。さらに二段構えの不幸として、玉手箱の煙で太郎は老いさらばえてしまうわけである。

故郷へ帰った浦島太郎を、現代における「老い」のアナロジーとしてみるとどうであろうか。孤独死だとか家族の崩壊、地縁血縁の希薄化といった問題はあるいっぽう、今や「老い方」を知らない世代が雪崩《なだれ》を打って老いに突入しようとしている。エレガントな、ナチュラルな、さりげない老いの作法なんぞ見当すらつかないものの、それこそ数を頼んでごさくさまぎれに「これが今どきの老人だ！」とばかりに、賑やかに事態を乗り切ってしまえそうな気もするのである。ストーンズだってとっくに六十歳を過ぎてるぜ、といった調子で。つまり老いに孤独や寂寥感はつきものだけれども、考えようによっては、結構アナーキーなノリで老年期に身を投じられるのではないか。そんな妙に楽観的な気分もどこか心の中に居座っているのである。だから独りで浜辺に佇む浦島太郎のイメージに、我々自身は重ならずに済むかもしれない。

そのいっぽう、玉手箱の恐怖のほうが我々にはリアルではないのか。玉手箱なんか開けなければいいだけといった話ではあるまい。生理的な老化のみならず、諦めや気落ちや悲しみや絶望が、玉手箱の煙となって我々を老け込ませる。アンチ・エイジングなどと称して誤魔化そうとしても、玉手箱の煙は我々の心の中にまで染み込んでくるだろう。

【老いたロックン・ローラー】

五十歳を過ぎた美容師は、店のオーナーを兼ねていない限りまずお目に掛からない。せいぜい四十歳くらいで引退するといったシステムでも確立しているのだろうか。年寄りの理髪師はいくらでもいるのに不思議なことである。初老期以降になると流行に疎《うと》くなるといった話でもあるまい。服のデザイナーなら、五十を過ぎた人はいくらでもいる。

最近は、かつてのロックのスターたちがバンドを再結成する機会が多い。もっとも衝撃的だったのはセックス・ピストルズで、あの肥満した姿は醜いとしか言いようがなかった（演奏そのものは上手くなっていたが）。ジミー・ペイジもかつてはナルシストぶり全開だったのに、いったいどの時点で諦めてしまったのだろうと思いたくなるみっともなさである。わたしが子供の頃は、老いるとは皺だらけになって枯れ木のように朽ちていくイメージであった。だが今や老いることは、締まりなく太り顔が大きくなって目鼻立ちが曖昧になることのようである。老いることにはどこかストイックな印象が伴っていたのに、昨今は正反対なのである。

あたかも減量することで若さを取り戻せるような錯覚が生じて、そこに乗じてアンチ・エイジングのさまざまな手法が次々に登場してきたような印象がわたしにはある。老いがコントロール可能といった幻想は、体重さえ落とせば何とかなる、ここの「たるみ」さえ解消できれば昔と変わらない、といった類の自己欺瞞とリンクしているのではないか。

二〇〇九年に劇場公開され翌年にDVD化された『アンヴィル！』という映画がある。カナダ出身のヘヴィメタル・バンド、アンヴィルは十分な実力を持ち、一九八四年に西武球場で行われた「Super Rock '84 in Japan」ではボン・ジョヴィ、スコーピオンズ、マイケル・シェンカー・グループ、ホワイトスネイクなどと共にステージに立った。競演したバンドはすべてが世界規模のバンドとして有名になっていったにもかかわらず、運命の悪戯《いたずら》によってアンヴィルだけは取り残され、メジャーになれなかった。

四半世紀が経ち、すっかり忘れ去られていた彼らは、故郷で給食の配達をしたり工事現場で働きつつ、いまなお細々とバンドを継続していた。メジャーになる夢を棄《す》てていなかった。観客のいない惨めなコンサートであっても気落ちすることなく、失意にも耐え、ロッカーとしての矜持を持ち続けていた。そんな彼らの日常と復活劇をドキュメントとして描いたのがこの映画だった。

パンフレットにはリーダーであるリップスの言葉が引いてある。「誰もが年を取る。それが現実だ。腹は出て顔の肉は垂れ、髪は抜け時間はなくなる…。だから今やる。今から20年後、30年後、40年後には人生は終わるんだ。やるしかない」

この映画は、もとロック少年であった中年男たちの心を揺さぶった。共感を呼んだ。ある意味では、このメタル・バンドの連中はもっとも見苦しい歳の重ね方をしている。往生際が悪いというか、間抜けというか、滑稽というか。こうした音楽にはたんなる「音」のみならず、若さゆえの怒りや煩悶や刹那的な輝きが裏打ちされている必要があって、老いた人間が演《や》ってもパロディーにしかならない。カッコ良さが不可欠なのである。そのことを承知していてもなお、メタルに人生を懸けてしまった彼らの姿が眩しく映ったわけである。

確かにここまで思い定めた人生は立派である気がする。自分にはここまでの覚悟は持てない。といった次第で、いわば現代の浪花節としてこの映画は話題となったのであった。

おそらくこの映画の「老いたからって何だ？　情熱と継続がすべてだろ」的なメッセージは、現代であるからこそ立ち上がり得た気がする。「大人げない」ことが、ときには純粋さや崇高さにさえアクセス可能な時代が今なのである。

【芸能人的】

わたしがまだ幼かった頃は、年寄りは最初から年寄りとして登場した。時間の流れの中に年寄りを見出すのではなく、ひとつの種族として「年寄り」を認知していた。だが今になってみると、リアルタイムに老いていくことを目撃することになる。

悪趣味ではあるけれど、《あの人は今？》といった企画が大好きである。かつてのスターやアイドルを眺めながら、「あーあ、昔はあんなに輝いていたのにねえ」「すっかり悪相になっちまったなあ。やっぱり生き方が顔に出るんだよな」「結局、歳を取るとオレたちと大差がなくなるじゃん」などと嬉しげに言うのが楽しい。昔はカッコいいからと自惚《うぬぼ》れていただろうに、ざまあ見ろといった卑しい心性を丸出しにするのは気分がよろしい。

こんな楽しみが成立してしまうのは、芸能人も無防備だからだと思う。かつての栄光にすがりついて自分自身の戯画となってしまったり、中途半端に居直って説教じみたことを言ってみたり、文化人気取りになったり、とにかく見苦しいのである。演技派に移行するとか、怪優に変身するとか、素敵かつ独自な高年になるとか、消息不明になるとか、そういった転身に失敗するからである。

まあその失敗ぶりに妙味が生ずるわけであるが、加齢に伴う醜態ぶりと呼応するかのように、普通の市民と芸能人との溝が狭くなりつつある気がする。絶対的な差異、あるいは特有の「いかがわしさ」がなくなった。だから普通の人が芸能人のファッションを真似することにも抵抗がなくなった。かつては俳優や歌手の格好を真似たり参考にするのは、相当に愚かというか羞恥心を欠いた振る舞いと見なされていたのではないか。映画が契機になってマフラーの巻き方だとか髪型が流行することはあっても、それは冗談レベルかミーハーの愚挙とされていたのではなかったか。

歳を取った芸能人がみっともなさを曝《さら》すことが、なおさらアンチ・エイジングへと人々を向かわせることになっているのではないだろうか。オーラを失った芸能人が老いていく姿のリアリティーが、素直に老いることを我々に躊躇させているといった構図はかなり明瞭なのではあるまいか。

サマセット・モーム（一八七四～一九六五、英国の小説家・劇作家。パリ生まれ）の短篇に「ジゴロとジゴレット」という作品がある。カジノで危険な曲芸（一五〇センチの深さしかない水槽の水面にガソリンを撒いて炎を立ち上らせ、そこに高さ一八メートルのはしごの上から跳び込む）を見せて評判を呼んでいる若い夫婦の物語である。

この芸人夫婦は、客の中におかしな二人連れを見かける（行方昭夫編訳『モーム短篇選（下）』岩波文庫）。

　確かに奇妙なカップルだった。二人だけで小さなテーブルについていた。二人ともかなりの高齢だった。男は大柄で太り気味で、豊かな白髪、もじゃもじゃの太い眉、大きい白い口髭がすぐ目に入る。イタリアの故ウンベルト一世に似ていたが、王様以上に王様らしかった。椅子に真っ直ぐ掛けていた。正式の夜会服を着て、白タイと三十年ほど流行遅れのカラーをしている。連れの老女が着ているのは、黒サテンの舞踏会服で、襟ぐりがとても大きく、ウエストが締まっている。首には色付きのビーズのネックレスを数本つけている。鬘《かつら》を被っているのは直ぐ分かるが、それもひどく頭に合っていない。巻き毛や髷《まげ》を入れて精巧に作ったもので、真っ黒だった。ひどい厚化粧で、目の下と瞼《まぶた》の上は空色、眉毛はくっきりと黒色にし、両頰にピンクの頰紅をたっぷり付け、唇は真紅である。皮膚が深い皺になって顔に垂れ下がっている。大きな物怖《ものお》じせぬ目で、周囲のテーブルをあちらこちらと熱心に眺めている。見ていて、何か気付くと、そのたびに夫にもそちらを見るように促している。

彼らは、昔は「人間砲弾」という演《だ》し物で人気を博していたのであった。今ではすっかり落ちぶれている。彼らと会話を交わし、あの二人がつまり自分たちの未来の姿であると感じて、若い芸人夫婦の妻のほうは烈しく動揺をするのだった。

キッチュとグロテスクとが混ざり合い、まさに自分たちがアナクロニズムの見本となっていることに気付かぬ老芸人の姿がまことに的確に描き出されている。どうせ人前に出るのなら、芸人はこのように衝撃的な老いの形を見せて人々をうろたえさせるべきなのである。これならば芸能人の棲む別世界の話として頭を切り換え、我々は一般人なりの老いの形を受け入れることができるであろうに。

【イケてる親爺】

諏訪優《ゆう》という詩人がいた（一九二九〜一九九二）。東京出身で、若い頃は北園克衛などと活動し、やがてアメリカのビート詩に傾倒、アレン・ギンズバーグを我が国に紹介し、バロウズの翻訳なども手掛ける。フリー・ジャズをバックに詩の朗読をしたり旺盛な活動を示したが晩年は田端に住み、下町情緒に満ちた作品を書いた。痩軀で禿《はげ》で髭を生やし、酒とジャズを愛し、毛糸の帽子が似合う風貌だったらしい。

四十一歳で渡米して書いた「アメリカ」という長篇詩の一部を引用してみると――

ファリンゲティの「シティ・ライツ書店」が真夜中に扉をしめ　わたしはまったく
ひとりになった
アメリカよ　だが　こんやもお前はわたしを眠らせない
ジョアンナよ　この次お前に逢うとき　おまえはズタズタに引き裂かれ　みにくく

ふとっているだろうか
幻のSのTのそしてHの　ああ幻の　いく千里をへだてた美しい日本の女陰に向って射精した

といった調子の作品を書いていたが、死去する前の二年間、六十〜六十二歳のときに新聞に連載していたコラムはこんな具合であった。コラムをまとめた『東京風人日記』（廣済堂出版、一九九四）から「わたしの扇子」という題の文章をここに示す。なお文中の「苦斉」とは、彼が自分のことを面胴苦斉と称していたことに由来する。

ビルの内部も電車の中も、おおむね冷房がきいているけれど、外へ出ればこの暑さ。苦斉の夏に扇子は欠かせない。

四年前に男持ちの扇子に下手な字と絵を書いて使い続けたそれも、さすがにボロボロになった。

手もとに女持ちの白扇しか無かったので、それに字と絵を書いて使うことにした。

少々考えた末に、

〝夜は更けて　夏金鳥の蚊とりかな〟

なる駄句を墨で書き、それに緑の水彩絵具など使って線香の渦巻きをそえた。書き上って、オマケにとばかり細字ペンの黒を使って、蚊がキリキリ舞いして落ちる姿を二匹くっつけたら漫画的な扇子になってしまった。

「こんなの使うのよしてよ！」と、妻はこわい顔をしたが、苦斉は使っているのである。

男持ちと女持ちでは風がちがう。

女持ちで風を起すのに苦労しながら、駅のホームでも坂の途中でもバタバタやっているから手首がひどくくたびれる。

肩にもひびく。

寝る前に妻に肩をもんでもらったりするのだから、イタチゴッコである。

おまけに「この夏、山の温泉はダメね⁉」など言われて、苦斉の夏はひたすら暑い。

電車の中で使っていたら、隣の老婦人に「ステキな扇子ですね」と言われた。これが唯一の救いであった。

以上が全文である。ふうん、と思う。もとモダニストでありビート詩人であった人物が還暦を過ぎて書く文章はこのようなものであるのか、と。自由闊達な生き方といったトーンにおいては一貫しているのかもしれないが。

だがわたしは正直なところ、素直な気持ちになれない。「けっ、粋がりやがって」と思ってしまう。当人は枯れたつもりなのだろうが、ちっとも枯れていないなあと呟いてしまう。どこかわざとらしいというか、これが粋な食べ方とばかりに江戸っ子気取りが思いっきり音を立てて蕎麦を啜っているその音を、耳障りに感じている気分なのである。老境にして辿り着いた文章がこれかよ、と毒づきたくなる。

風雅のフェイク版といったところであろうか。溜め息を吐きたくなる。しかしそのいっぽう、自意識などどこ吹く風でこのようなことをできるようになるのだとしたら、老いることも悪くないなという気もするのである。それが老いることの特権ではなかったのか。若いときには若いなりの恥の曝し方があり、歳を取れば歳を取ったなりの恥の曝し方があるのであって、それを肯定していかなければ人生をみすみすつまらないものにしていくだけにも思えるのである。

若作りとは真逆の心性であるように見えても、わざとらしさにおいては案外と同じなのかもしれないなどと考えつつ、どうもわたしは諏訪のコラムに平然とは向き合えないのである。

【鶏の臓物】

諏訪優のコラムを読んで、これがあのビート派のなれの果てかと苦々しく思うと同時に、いや老境（六十歳をすぎた程度ではまだ老境には早過ぎようが）へと脱皮しただけであって、そもそも人間とはそんなものではないのかといった感慨も湧いてくる。いずれとも判じ難い居心地の悪さがわたしを複雑な気持ちにさせたのである。たとえ「似非粋人」を気取っていたとしても、それは若者が髪を伸ばし髑髏《どくろ》のTシャツとクラッシュド・ジーンズで街を闊歩することと変わらないのではないか。

わたしは諏訪の書いたコラムから、未来の自分自身に対しての「先取りした自己嫌悪」を想像しているのだろう。もしかすると自己嫌悪なんか感じない老年期を迎えるかもしれないが、それはそれで感性の鈍磨を意味しているのではないかと恐れてしまう。いずれにせよ、老いることの意味がダブル・バインドとして迫ってくるのである。

ところでこの原稿を書いている途中で、妻と焼き鳥屋へ行ってきた。神楽坂に住んでいるので、結構いい焼き鳥屋が近所に何軒もある。鶏といっても臓物系がメインの焼き鳥屋へ行ってみた。珍しい部位を食べることになるので、好奇心を満足させてくれる。

味も悪くない。しかし予想以上に臓物系は脂が多い。食べている途中で脂に負けて気持ちが悪くなりかけ、早々に切り上げた。

これは個人的にはなかなかショックなことだったのである。食欲はかなり旺盛なほうだし、脂肪を敬遠するような淡泊な味覚の持ち主ではなかった筈であった。それなのに、今現在も油っぽいものを思い描いただけで鳩尾《みぞおち》のあたりがもやもやしてくる。焼肉なんか、ちょっと勘弁してほしい気分なのである。この事実が、当方としては老化の一環として実感されたのだった。

最近は和食好みにはなりつつあったし食べる量も減ってきたが、あの程度で油負けする自分が情けない。それはすなわち活力の低下を意味するだろうし、(体力的にも精神的にも)無理が利かなくなってきたことの証左ではないのか。衰えの前兆ということではないのか。そう思うと、気落ちしてしまうのである。

人によって老化の前兆を何から感じ取るかは異なるだろう。ある朝鏡の中に見出した皺の深さかもしれないし、一本の白髪(頭髪よりも陰毛のほうがインパクトは大きいようである)かもしれない。記憶力の低下もあろうし、戯れにバッティング・センターでスウィングしたときの「こんな筈では……」という軽い落胆のこともあろう。つい若者に説教をしてしまう自分の姿かもしれないし、流行の音楽やファッションにまったく関心が生じないことを自覚した瞬間かもしれない。

いずれにせよ、些細で取るに足らぬことから人は自らの老いを察知する。ならば、大げさにそれを否定したり嘆き悲しんだりすれば、なおさら傷は深くなる。小手先のようなアンチ・エイジングや、取って付けたような若作りを試すほうが、その気軽で冗談めかした行為に老いへの不安を紛らわせてしまえるのではないか。おしなべて若作りは、たとえ失敗しても愛嬌やジョークに収まるか否かが肝要なのではなかったか。

【同じ歳】

山田風太郎（一九二二～二〇〇一、小説家。兵庫県出身、東京医科大卒。奇想天外な娯楽小説で知られるが、その底には深い虚無感がある）の『人間臨終図巻』（徳間書店、一九八六～八七）は享年十五から百二十一まで、古今東西の有名人（犯罪者や釈迦も含む）の生涯の要約と臨終の様子を亡くなった年齢別に淡々と書き記した一種の事典である。前書きも後書きもない素っ気なさで、ただし享年毎に死に関する片言（多くは山田によるが、他の人物のものも含まれる）が掲げられている。

この本を前にすると多くの人は、まず自分の現在の年齢で死んだ人物にはどんな者がいるかを調べてみる。すると、老成したと思っていた人物や円熟したと思い込んでいた人物がもはや自分の歳で死去していることに気付き、愕然となるのだった。昔と今とでは人生の区切りが異なるから必然的に我々自身の幼稚さや未熟さを痛感させられるわけだが、いずれにせよ自分の歳の重ね方に思い至らざるを得ないことになる。そのような仕掛けの書物なのであった。

わたしの現在の年齢である、五十八で死去した人物を調べてみると、シーザーとかマキャベリ、杜甫、菅原道真、黒田如水、尾形光琳、岩倉具視、黒岩涙香、溝口健二、高見順、中川一郎といった人々が挙げられている。そして俳人の種田山頭火（一八八二～一九四〇）も含まれていた。

あの《分け入つても分け入つても青い山》の山頭火である。放浪の乞食僧《こつじきそう》であった彼の屈折した自意識過剰ぶりや、甘えとわざとらしさの混ざったトーンには、どこかしら晩年の諏訪優に通底したものが感じられる。言い換えれば、ストイックなものに憧れつつも遂にそのようにはなれず、中途半端に居直って世俗的な欲望を肯定する精神であろうか。散々に勿体ぶった挙げ句に、居酒屋は人生の縮図であるとか女の乳房は男の故郷だなどと「のたまい」かねないセンスでもある。

山頭火に限っては、彼のイメージと自分の今の年齢とに落差は感じない（尾崎放哉の享年がわずか四十一であったことには意外感があるが）。しょうもないオヤジという点で、苦笑したくなるところがある。昭和十五年十月十日、旅を終えて棲み着いた一草庵では句会が開かれていたが、山頭火は鼾《いびき》をかいて寝ていた。昼間から酔って寝ていることも多かったので、俳人仲間は彼を放置して句会に熱中し、「十一時ごろ、わざと起さず散会した。翌日になって、彼が死んでいるのが発見された。死因は心臓麻痺で、午前四時ごろ死亡したものと推定された」。

わたしは彼が旅の途中で商人宿みたいなところでひっそりと息を引き取ったと、そんな惨めな最期を漠然と想像していたので戸惑った。山田風太郎は、

彼はかねてから、「ころり往生《おうじょう》」を願っていたが、死にかただけは彼の望みのままになった。

と書いているが、寂しがり屋の山頭火が、仲間たちの句会の傍らで死に通ずる眠りに落ちていたという事実こそは真に幸せなことだったのではないかと推測したくなる。孤独を求めつつも、結局は仲間と楽しく過ごすことに安心感を見出す精神の持ち主にとっては、理想的な死に方ではあるまいか。ちょっと羨ましい。

さて山頭火は、近付きつつある老いのことをどう考えていたのか。一草庵に居を定めたこと自体、体力の衰えを実感していただろう。こういったときに、僧侶であるとか俳人であるといった立ち位置は年齢を超越したところがあってまことに事態を曖昧なものにしてくれる。最初から年寄り臭さの煙幕を張っているようなところがあり、同時に煩悩をさらけ出すことで間接的に老いを否定している気配がある。予想外に老いを上手くやり過ごしたままあの世に逃げおおせたなあ、と思わずにはいられないのである。

【ベストドレッサー】

老いの迎え方ということでいつも頭に浮かぶのは植草甚一（一九〇八～一九七九、東京出身）である。ジャズ評論家であり映画評論家であり、外国文学（ミステリと前衛が中心）評論家でもあり、西洋大衆文化の「目利き」かつ雑文書きといったところであろうか。『ぼくは散歩と雑学がすき』という著作があるように、散歩に出ては古本（ことに洋書）とガラクタを買い漁り、試写会の帰りにはジャズ・レコードを買い集めるといった生活を貫き通し、サブカルチャー風味の趣味人として知られた。一九七〇年代、すなわち晩年の十年近くがもっとも華やかで、若者の教祖とか「ファンキーじいさん」として持て囃された。

海外の情報は、それなりの情報網やコネを持たねばなかなか得られず、洋書は驚くほど高価な時代であった。もちろんインターネットなど出現していない。間口の広い読書体験と雑学、映画・音楽・海外ミステリに関する深い造詣、アヴァンギャルドへの共感、さらには新しい事物に対する好奇心に満ちた姿勢と斬新な文体が、若者に受け入れられたことは事実である。しかし植草が親しみを込めて「ファンキーじいさん」と呼ばれるようになったのは、彼の外見に依るところが大きい。

評論家ないし雑文家として活躍はしていたがいまひとつマイナーな存在として鬱屈したまま、中年までの人生を彼は歩んでいた。性格も気難しく、すぐに怒り出す厄介な人物だったらしい。しかし五十代の半ば頃から、雑誌『スイングジャーナル』連載のジャズの記事が評判になり出した。六十三歳のときに胃潰瘍の手術で二ヵ月入院し、それまでは小太りだったのがすっかりスリムになり、髪も髭も白くなった。これを機会にファッションをすっかり若者めいた大胆なものに変えた。もともと小柄だったために、レディースのものすら応用が可能であった。折しもユニセックスの服装やサイケデリックな柄が流行っていた。奇抜で派手なファッションも、小柄な西洋かぶれの老人ということで上手い具合に「あざとさ」が中和された。

こうして、原稿のみならず彼自身が流行の先端に位置することになる。指が抜け、飄々《ひょうひょう》とした老人になったからこそ、スポットライトが当たったのである。六十九歳でベストドレッサー賞を受賞、その理由は「年齢を超越した温かい人間性と、そのナウな着こなし」ということであった。以上の記述は津野海太郎の『したくないことはしない——植草甚一の青春』（新潮社、二〇〇九）に多くを負っている。

わたし自身の二十代が植草の「ファンキーじいさん」の時期と重なっているため、彼のことは深く印象に残っているのである。趣味と仕事が一体化した彼の生活が、「自由な生き方」の理想的サンプルに見えた。嫉妬とか小競り合いとか中傷とか僻《ひが》みとか、そういった陰湿で生々しいものがまったく漂白されてしまったような印象が、精神的なユートピアのように映った。世代を超えて親しまれ、一目置かれ、揶揄《やゆ》やライバル視の対象にはならない「老人」という安全圏に立っている——これはまことに羨むべきことであった。

本心を言えば、植草の文章は斬新ではあったが深みには乏しく、所詮は雑文でしかなかった。海外の小説を紹介していても、大概は最後まできちんと読んでいない。せっかちな新しい物好きが、とりあえず自慢話を披露しているような趣でしかなかった。新しければそれだけでOKといった傾向があり、どこまで本質を見抜いているのかはしばしば疑問であった。しかしそんなことは多くの人が薄々気付いていたことであり、それでもまあいいやと思わせてしまうような愛嬌が彼にはあった気がする。あのモダンなおじいさんを批判するなんて、そのこと自体が野暮である、まずは植草甚一を受容することから最先端の事象は動き出す、といった雰囲気があった。

キャラクターが際立つための条件のひとつは意外性にある。そうした意味で、老人と若者文化との取り合わせをキャラクター化した植草はスター性を十分に備えていたことになる。それにしても彼の享年が七十一とは、いささか早過ぎる。だがもしも彼が八十を超えても元気で、しかも認知症となっていたらどうだろう。時代に取り残されたばかりか異様な服装で街を徘徊し、家はゴミ屋敷と化していたかもしれない。かつてのファンたちが、暗澹とした思いで彼の無残な姿を眺めることになったかもしれない。

老人となることで一気にスター性を獲得したのみならず、老化による衰えが顕現する前にこの世を去ってしまった植草は、そのような生き方が老いを考える上で何ら我々にとって参考に「ならない」という点でも希有な存在であった。

【老いるということ】

今の世の中は、若者ないしは子供を中心に据えて作られているようにしか見えない。街の景観にせよ、テレビやラジオやさまざまな文化現象にせよ、その安っぽさを含めてすべて若さに迎合している。つまり、現代そのものが老人に馴染まない。

老いることにはさまざまな意味が含まれ、死に近付く・認知症の危険が高まる・経済的ないしは身体的弱者となりかねない可能性が、まずは大きな不安要素になるだろう。あるいは孤独になる懸念。言い換えれば、世間との接点が失われる心配だろう。だがそのような憂慮を踏まえて指摘したいのは、昨今では老いに対して「損をした」といった感情が伴いがちではないかということである。

六十歳あたりで急に妄想的になったり精神的に不安定になる人が結構いることは既に第5章で述べた。今あらためて考えてみると、彼らの胸の内には若さに付随する筈の楽しいことや充実感を享受し損ねたという未練や不満が「損をした」という感覚で漂っていたのではないだろうか。諦めが悪いといえばその通りである。しかし恨みの気持ちが、世の中から取り残された・見捨てられたという実感と合体すると、そこには被害者意識が生まれることになる。被害者意識は往々にして「だから自分は何をしても許される」といった傲慢さや尊大さにつながる。そうした心の動きが、異様なほどに自己中心的な行動として顕現することもあるのではないか。たとえば暴走老人や高齢者の割り込み、ルール違反とか。

損を取り返すための振る舞いとして、アンチ・エイジングや若作りを解釈することはできないだろうか。さもなければ、これ以上損をしない自己防衛として。ずいぶんいじましい話である。だがそんな思いに駆られて当然な程に、「尊厳を保ち自己肯定している老人」といった立場の確保が難しくなっているような気がしてならない。

アンチ・エイジングや若作りに対して、それを半ば本気で信じつつ、半ばは「何を馬鹿げたことをやっているのだろう」といった自嘲も含まれているのではないか。こうした行いは、軽躁状態にも似た営みである。さもなければ祭りである。老いを受け入れることに躊躇し、といって若さを失っていないと信ずることもできないまま、若さを取り戻しつつある移行段階と思い定めることで気を紛らわす。そのためには、皆が揃ってアンチ・エイジング祭りに参加し、若作りという仮装行列に参加し、かりそめの高揚を持続する必要がある、ということになる。

世の中で自分だけが老いに逆らっていれば（しかも特に見た目において）、それは見苦しく滑稽なことと映るだろう。けれども、誰もがそれにのめり込めば、老いを冗談半分に誤魔化し、冗談半分に受け止めるという新しいスタイルとなるのではないか。軽躁状態で老いへの入り口を走り抜けるのは、ひとつの戦略である。わざと年寄りぶったり粋人ぶることが戦略であるのと同じように。

＊

本書でわたしは二つの目標を立てていた。ひとつには、老いに付随する微妙なニュアンスや、容易には表現することの難しい負の側面とかグロテスクな側面を語ることであった。そこを避けては、老いへの不安は自己増殖するかのように膨れ上がっていってしまうだろう。いろいろな本で老いについての論議を読むと、そこにはあまりにも類型的な老人像しか登場しない。もっとデリケートで気難しい部分、言語化し難い部分をも想像しなければいけないのに、いかにも雑駁な気がしてならない。それゆえに、結果としてどこか偽善めいた嘘臭い印象を拭いきれない。多くの文学書から引用しつつ綴ったのは、文学という形でしか語り得ない側面を提示してみたかったからなのである。

そしてもうひとつは、現代においていかに老いを受け入れるかというテーマの考察である。ただしそれだけではあまりにも摑《つか》み所がなくなるので、アンチ・エイジングや若作りといった昨今の風潮にこと寄せて考えてみた。

わたし自身、これからいかに上手く老人となっていくかは切実な問題である。しかもファストファッションの浸透とともに、服装すらが（若作りなんかする気はなくても）老若を区別しづらくなっている。団塊の世代がこれからの老人像に大きな変革をもたらすことは間違いあるまい。そうした予感を孕みつつ、いくぶん従来とは異なった視点から老いについて思いを巡らせてみたかったのである。

若者たちにも一目置かれるような老い方はできるのか。若者たちのカリカチュアではない存在感を獲得できるのか。そのリアルな手本さえ我々はまだ見つけ出していない。

あとがき

老いへの不安を覚えている人は、決して幸福な状態にあるとは言えないだろう。老いを目前にしているという事実の前にたじろぎ、老人ないしは年寄りとしての自分の姿をリアルに想像しきれぬまま、自分自身に違和感を覚えつつ心許ない日々を送るのは、まことに居心地の悪いことである。

老いについて語り論じることは、結局のところ幸福について考えを巡らせることと重なってくるに違いない。

近頃のわたしは、幸福が二つの文脈から成り立っていると実感するようになっている。ひとつは日常における安寧とか安定とか平和とか、つまり波風の立たない平穏な毎日である。それは往々にして退屈に感じられたり、無価値に映る（殊に若者にとっては）。だが大病を患ったり危機的な状況に追い込まれたりすると、つくづく「当たり前の日常」の有り難さが身に染みるものである。

翻訳家の柴田元幸氏が責任編集をしている『モンキービジネス』という季刊の文芸誌がある（ヴィレッジブックス刊）。この雑誌の2011年冬号（vol.12）が人生の意味について特集をしている。「人生に意味はあるでしょうか」という質問をさまざまな分野で文章を綴っている人々にぶつけ、二十一名からの回答を載せているのである。詩人の谷川俊太郎氏の回答の一部を紹介すると、「人生にあるのは意味ではなく味わいだと私は思っているのですが、言葉で言うとどうも据わりが悪い。禅問答ではありませんが、答えは『……』とでも言うしかありません」となっていて、なるほど味わいという言い方があったなあと感心させられた。老いることには、「当たり前の日常」に備わった微妙な味わいを理解できるようになるといった効用があるのではないかと、そんなことを自分は漠然と考えていたように思うのである。

現代社会における大問題として、歳を取れば取ったなりに淡々と持続していく筈の「当たり前の日常」が、老人にとって手の届かぬものとなりかねない危惧が挙げられないだろうか。さまざまな社会保障制度や福祉や医療が工夫されていることは事実にせよ、それはどこか不自然でわざとらしさを伴う。少なくとも世間の構造や核家族のありようや人付き合いの変化が、老いを控えた人たちへ「当たり前の日常」すら期待できないかもしれないと暗い予感を抱かせているのではないのか。それはまさに不安と不幸の双方を暗示している。

幸福におけるもうひとつの文脈は、それこそラッキーなこと、嬉しいこと、楽しいこと、満足感を得ること——そのような躍動的で高揚感をもたらす事象との出会いであろう。こちらは個人差が大きく、ある人にとっては十分に喜ばしく感じられる出来事が別な人にはむしろ物足らなさや悔しさを惹起することなどいくらでもある（たとえば優勝ではなくて二等賞に甘んじたとき）。

こうしたことも、歳を重ねて肩の力が抜けてくれば、それこそ春の訪れを告げる日差しの変化とか、隣人から土産にもらった鯵の干物の美味さとか、窓の向こうに見える教会の屋根の赤い色と自宅で飼っている金魚の赤色とがまったく同じ赤であったことに今さらながら気付いた軽い驚きであるとか、学生時代に読んだ小説を再読してやっとその素晴らしさを悟った喜びとか、そういったもので十分に幸福の文脈を形成し得るに違いない。ガッツポーズをしたくなるような晴々しい出来事に遭遇しなくとも、さりげなく幸福の滴《しずく》を感じ取ることができる。それが年寄りになることの醍醐味だと信じてきた（いや、今でも信じている）。もっとも、猥雑さや賑わいへの未練から、上空を黄砂が吹き渡っていく競輪場でぽつんと一日を過ごすような老人の姿も悪くないが。

だがどうもわたしの世代に近いほど、歳を取っても貪欲というか大人げないというか、あるいは若さの尻尾を引きずっているというか、往生際が悪い。年寄りではなく、中古品の若者や古ぼけた中年としか見えない。歳を経たがゆえの味わいを楽しめずにいる。それがために、不満や不全感ばかりが募る。それを先取りするかのように不安が膨れあがっていく。

老いについてだらだらと心細さや愚痴を語るよりは、いまいちど幸福というものの成り立ちについてきちんと考え直してみたほうが賢明かもしれない。

本書はそもそも老人問題を厳密に分析したり語り尽くすことを目的とはしていない。わたしが遠からず突入するであろう「老い」という未知の領域、現代において適切なモデルも参考となる手本も見つけ出せない「年寄り」というキャラクター、それに対する自虐的な好奇心と戸惑いとを原動力にして書き上げた奇譚集ないしはアンソロジーに近いものと捉えてもらったほうが正解だろう。老いについて考察するためには、このような異形な書物も寄与するところが幾分かはあるかもしれないと密かに期待する次第である。

書き終えるまでには、多くの方々にお世話になった。編集部の矢坂美紀子氏の熱心な助言と励ましがなければ本書は永遠に形を成すことはなかったろうし、菊地信義氏に装幀をしていただけたことには身の引き締まる思いがする。そして貴重な時間を費やしてここまで付き合って下さった読者諸氏には、何よりも感謝を申し上げたい。ありがとうございました。

平成二十三年二月二十三日

春日武彦

文庫版あとがき

本書の親本に当たるハードカバー版が上梓されてから、ちょうど八年になる。今回、文庫版を出すに当たって何よりも心配であったのは、内容が古びていないかということであったが、読み返してみたらその懸念は（わたし的には）払拭された。自分の口から申すのもいささか面映ゆいが、今こそ広く読んでもらいたい本だと思った。世間において、「老い」に関する問題はますます深刻になっていると感じられるからだ。

読み返して一点だけ、引っ掛かる部分があった。二三七頁で「団塊の世代がこれからの老人像に大きな変革をもたらすことは間違いあるまい」とわたしは書いた。ある種の期待を込めて書いたのである。すなわち彼らが老いの新しい形、カッコイイ老人の姿を提示してくれるのではないか、と。当方は団塊の世代に乗り遅れた世代に属し、彼らに兄や姉に近い感情を抱いてきた。近頃は風当たりの強い彼らだが、ある種の手本をいつも見せてくれていたのも団塊の世代である。しかし歳を取ることに関しては、さすがの彼らもスマートには立ち回れなかった気がする。それは彼らに問題があったと考えるよりも、それだけ「老い」への直面が厄介だからだろう。溜め息を吐きたくなる。

八年の経過に合わせて、ことにわたし自身に関する記述（たとえば六〇歳が次第に近づきつつある、庭のあるマンションに住んでいる等）をアップデートさせるべきか迷った。結局、六〇歳目前であったことが執筆の動機に大きく関与していたことに鑑みて、あえて更新は行わなかった。そこは納得していただきたい。四〇頁で述べた御徒町駅の簡易売店の老人はもはやいないし、一七一頁で語った母は亡くなった。火葬のとき、木山捷平が書いていたように遺灰を磁石が探る様子が見られるかと思っていたら、そんな光景はなかった。

一四三頁に、ローベルト・ムージルの本からの引用がある。「人生には、奇妙に歩調をゆるめて、前進をためらっているのではないか、それとも方向を転じようとしているのではないか、と思われるような一時期がある。このような時期にひとは不幸におちいりがちなものらしい」という部分である。今にして思えばハードカバー版を書き上げた頃合いが、まさにそのような一時期の始まりであった。

書き上げたそれはまったく売れず、世間から黙殺され、驚いたことに出版社すらが冷淡な態度を示した（担当編集者は奮闘してくれたけれど）。落胆はやがて困惑と不安につながり、まさに人生は足踏み状態となり、何を試みても上手くいかず、気のせいかもしれないが他人から軽くあしらわれがちになり、あからさまに言えば「落ちぶれつつある」といった感情に囚われた。ひたひたと忍び寄ってくる老いが、身体の不調や虚脱感などではなく「零落」に近い手応えとして迫ってくるとは思ってもいなかったので、わたしは動揺し、寄る辺のなさにうな垂れた。そんな状態が何年も継続した。そこからどうにか抜け出せたのは、デビュー作を出した直後から親交のあった編集者のH氏が真摯に寄り添ってくれ、自己の内面を吐露する本を執筆するチャンスを与えてくれたことによる（その本の装幀も本書のハードカバー版の装幀も菊地信義氏だったことに今気付いて、ちょっと不思議な気分になっている）。そこに至るまでには、同業者にカウンセリングを受けるのも業腹なので占い師を訪ね歩いてみたり、勤務先に辞表を叩きつけたりと、今でこそ笑い話になるが当時は相当に苦しい日々が続いていた。あらためて本書を出す機会に恵まれ、これでやっと不幸におちいりがちな時期から無縁になったと信じたいところである。

それにしても、筋肉や内臓は機能が衰え脳も働きが鈍りつつあるのを自覚しているのに、いまだにわたしは老人になった気がしない。といって若いままだとも思っていない（外見は、自分では判断がつかない）。もしかすると、老いていくというよりも変身しつつあると称すべきだろうか。では何に変身していくのか。まさか猫や鸚鵡やアヒルではあるまい。昆虫でもないし、植物でも鉱物でもなさそうだ。あえて言うなら、陽の射さない真っ暗な海の底で孤独に生きる深海生物かもしれない。いまだ学名も与えられず、いかなる系統樹にも分類されないような生き物である。そんな存在になったほうがよほど嬉しい。外見はたぶんカンブリア期の水棲生物に似ているだろう。そのようなことを考えてみるのが近頃は楽しい。

今回の文庫版では、編集部の角谷涼子氏が丁寧かつ誠実な仕事をしてくれ、また表紙デザインの山影麻奈氏、装画の谷山彩子氏が素敵な外見を整えてくれた。わたしがリクエストした宮沢章夫氏は、味わい深い解説を書いてくださった。深く感謝いたします。もちろんこれを読んでくださっている読者諸氏にも「ありがとう」を申し上げたい。

令和元年五月一日

春日武彦

解説

宮沢章夫

今年八十六歳になる母が数年前、おかしなことを口にした。

「家に、相撲取りの夫婦が来る」

これはかなりひねりの利いた妄想だ。力士が来ただけでも驚かされるが、それが「夫婦」というところにこの話の深い悲劇が滲んでいないだろうか。そのことを妹から聞いて、おや、なにか変だぞと早いうちに病院に相談すればよかったのだろうが、結局、たいした不安も感じずに時間が過ぎた。そのうち、母の妄想はより深刻になった。次第に変化する母の様子を、いま準備している「老い」をテーマにしている小説に書こうと思いたったのはその頃で、しかし考えてみればこうした症状（認知症など）を書いたところで、いまではさして特別な出来事ではないと思える。よくある話だ。何行か書き出したところで筆が止まる。もっと深いところで「老い」を考えることはできないだろうか。母の妄想の話を並べたとしても、「うちの母はもっとすごかったよ」と誰かが言うだろう。そうした話（いわゆるボケだが）をこれまでにもいくつも聞いた記憶がある。

あらためて「老いる」について考えなければと思った。それは単に小説のためではない。私自身もまた、六十歳を過ぎてすでに老いているのだし、それを否定的に嘆くことしか人はできないのか、あるいはもっと積極的に、「老いる」ことで新しく得るものがあると肯定はできないか。

まず考えるべきなのは、「老いる」とはどういった状態を指すかだ。たとえば「同じ話を何度も繰り返す」のは「老い」の顕著な例だと一般的によく知られている。私は同じ話を何度もする。繰り返し同じ話をする。それはいまに始まったことではなく、子供の頃から、さらに二十代の頃も、「その話、前も聞いたよ、何度目だよ、おじいさんか、おまえ」とよく言われていた。そうなると、ことは複雑である。「老いる」ことの典型として「同じ話を繰り返す」がある。だが例外もある。例外的に子どもの頃から、そういった意味で私は老いていた。どうかしていた。ただのおしゃべりだったのかもしれない。さらに体力的な衰えはどうだろう。ある日、定期的に診断を受けている医師から言われた。

「人間は、表面的にも老化しますが、内臓も老化しています」

たしかにそうだ。そんなことにも気づかなかった自分の愚かさを嘆いたが、生物として生きるにあたって、表層的なお肌のケアなど暢気なことは言っていられない。

本書『老いへの不安』では「老いる」がもっと複雑な現象だと語られ、単に身体的な衰えだけに限らないのだと多くの事例を引いて示される。だから著者の春日武彦は老化を、「記憶力がひどく低下することだとも一概に言えない」と、きっぱり宣言する。だからここには、はじめに書いた私の母のよくある凡庸なエピソードや、浅薄な「老い」についての言葉はなく、本書を読むことによって「老い」について異なった視点から考えることの重要さを時間をかけてゆっくり教えてくれる。様々な種類の「老い」を著者は語る。自身の経験もあるが、それ以上に多くを占めるのは小説やエッセイ（たとえばナサニエル・ホーソーンから、高井有一、藤枝静男、吉行淳之介、諏訪優、そして植草甚一と幅広く）、あるいは新聞記事のなかに発見した人物たちの姿から、読む者にとって「苦々しい問題」をいくつもの角度から解く。それはときとして残酷だ。しかし、苦々しくても読むことの快楽を与える奇妙な魅力が本書にはあり、夢中になって私は読んだ。残酷さの、さらにその奥に「老い」の積極的な発見がいくつもある。そこに本質があるのかもしれず、もしかすると、それこそ本書でも語られる「老い」に含まれる「味わい」の意味かもしれない。そう思って「味わい」について書かれた箇所をさっきからずっと探している。かなり長い時間である。探しているんだ、俺は。

いっこうに見つからない。

たしか「老い」や「老人」といった言葉の否定的な響きを、「味わい深くなる」と表現を変えることで、年齢を重ねること、「老い」がべつの姿になって見えるという文脈ではなかったか。かつてだったら本をぱらぱらめくるだけですぐに見つけられたはずだ。繰り返すが、私もまた、もう老人の域に達している。老人が一冊の書物のなかから「味わい」を簡単に見つけられると思ったら大間違いだ。できるわけがない。砂漠で針を見つけるような作業だ。そして、だからこその「味わい」だ。見つからない。なんどページをめくっても見つからない。そんなふうに苦しんでいる姿が「味わい」そのものだ。さらに考えると、もしかしたらそんな言葉などどこにもなく、読んでいる私が勝手に想像していた概念なのかもしれないし、誰かが口にしていた言葉を街で耳にしただけかもしれない。妄想か。幻聴か。

あきらかな老化である。

これこそが「味わい」である。

いや、そんなことはない。私はもっと美しい「老い」を夢想していた。意味はよくわからないが「近所の猫がみんな私の周りに集まってくる」とか、「町内の古老として、なにかあると若い者らがいい知恵を求めて相談しに来る」。さらに少し妄想するエピソードが長くなるが、「季節が変わりどこかの庭の木に花が咲きその美しさに見とれてその場からいっこうに動かなくなっているところへ、折しも道路工事が計画されていたためそれに従事する責任者とおぼしき方から『すいません、そろそろ仕事を始めたいんで』と声をかけられる。だが私は動かない。そして工事の責任者もまた花の美しさに見とれてしまい『いいですねえ』とつい口にしてしまう」というような、そういうものに私はなりたかった。

著者は書く。

「老いを自覚するということは、ひとつには今までの人生を振り返るといった作業が含まれているだろう。」

だから私のような美しい老後への妄想などもってのほかである。なんて残酷な言葉だろう。振り返らなければいけないのだ。だが、断固、私は振り返りたくない。前を向きたい。なにか可能性はないのか。老いるからこそできること。そして、次の言葉に私は希望を感じた。やさしく著者は語りかけてくれる。

「年寄りとは喧嘩の仲裁ができる人である。」

こんなにすごいことは、そうそうできるものではない。さらに著者が想定するその現場の老人の台詞がいい。

「ここはひとつ、年寄りの顔に免じて堪えてくれんかのう」

その喧嘩が起こった現場の様子がまざまざと浮かんでくるようだ。「年寄りの顔」はすごい。「年寄りの顔」と言葉にするだけでなにか神々しいものを感じるではないか。たとえ大喧嘩している者も、その顔を見て、ま、じいさんが言うんじゃしょうがないか、そうだな、じいさまの言うこたあ、聞くもんだでなあ、ありがたやありがたやと、人の心を穏やかにさせる。繰り返すがそんな老人に私はなりたい。だが、誰もがそんなふうにできるとも限らないだろう。著者はさらに「(きちんとした)年寄りにはなりたい」と言う。贅沢だな。それはたしかに理想だ。年老いても家族に迷惑をかけたくないと多くの老人が口にする。私もそう思う。周囲を困らせるような老人にはなりたくない。まして、「くそじじい」と呼ばれるのは誰だっていやだ。開き直って「くそじじいになりたい」と口にする者もいる。どこかアナーキーで威勢がいいが、この「くそじじい」は、意外にも「(きちんとした)年寄り」のことではないか。

その道は遠い。いや、もうすぐそこに来ている。もちろん私の話だ。切実な思いで本書を読んだ。だからといってこれから「老い」を迎える者だけの本ではない。誰だって、まちがいなく「老い」は迎えるのだから、十歳から読んでも悪くないだろう。十歳から「老い」について考える。そうして、きわめて味わい深い中学生になる。

(みやざわ・あきお/劇作家・演出家・作家)

『老いへの不安　歳を取りそこねる人たち』　二〇一一年四月　朝日新聞出版刊

中公文庫

老《お》いへの不安《ふあん》
――歳《とし》を取《と》りそこねる人《ひと》たち

2019年6月25日　初版発行

著　者　春日《かすが》 武彦《たけひこ》

発行者　松田 陽三

発行所　中央公論新社
〒100-8152　東京都千代田区大手町1-7-1
電話　販売 03-5299-1730　編集 03-5299-1890
URL http://www.chuko.co.jp/

DTP　平面惑星
印　刷　三晃印刷
製　本　小泉製本

Published by CHUOKORON-SHINSHA, INC.
Printed in Japan　ISBN978-4-12-206744-8 C1195